AF501762

PROJET

DE

CODE SOCIALISTE

ORGANISATION ADMINISTRATIVE

PAR

LUCIEN DESLINIÈRES

TOME TROISIÈME

PARIS (5e)

M. GIARD & É. BRIÈRE

LIBRAIRES-ÉDITEURS

16, RUE SOUFFLOT ET 12, RUE TOULLIER

1913

Feuillet de garde à conserver

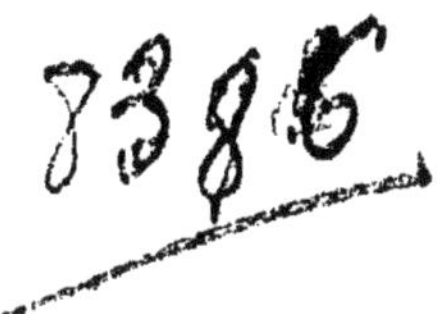

PROJET

DE

CODE SOCIALISTE

—

TOME III

DU MÊME AUTEUR

Projet de Code socialiste. Tome I. *Principes généraux. Expropriation. Conditions du travail. Valeur des choses. Budget de la production.* 1908. Un vol. in-18 . . . 2 fr. »»

Projet de Code socialiste. Tome II. *Loi constitutionnelle. Loi organique et politique. Loi civile. Loi de procédure. Loi pénale.* 1908. Un vol. in-18 . . . . 2 fr. 50

Le Maroc socialiste. *Projet de colonisation socialiste au Maroc.* 1912. Un vol. in-18 . . . . 3 fr. »»

PROJET

DE

CODE SOCIALISTE

PAR

LUCIEN DESLINIÈRES

TROISIÈME ET DERNIÈRE PARTIE

ORGANISATION ADMINISTRATIVE

PARIS (5e)

M. GIARD & É. BRIÈRE

LIBRAIRES-ÉDITEURS

16, RUE SOUFFLOT ET 12, RUE TOULLIER

1913

PROJET DE CODE SOCIALISTE

PRÉFACE

—

L'apparition de ce troisième et dernier volume du *Projet de Code socialiste* a été retardée par des tâches socialistes plus urgentes. Dans l'intervalle qui le sépare du précédent, j'ai pu me rendre compte de l'accueil fait à mon œuvre. Les nombreuses approbations que j'ai recueillies seraient de nature à satisfaire un amour-propre d'auteur plus exigeant que le mien. Néanmoins, je ne puis me dissimuler que mes idées n'ont exercé aucune influence appréciable sur l'action générale du Parti socialiste.

Dans la doctrine socialiste, qui peut être envisagée sous tant d'aspects divers, beaucoup de nos camarades ne voient que la lutte des classes; et la plupart de ceux qui s'élèvent par la pensée au-dessus de cet horizon borné y retombent lorsqu'il s'agit de l'action. Il semble qu'il n'y ait pas autre chose à faire que de donner au prolétariat ses formations de combat. Nul ne paraît songer aux difficultés qui surgiront après la conquête du pouvoir et qui seront insurmontables si on n'en a pas préparé d'avance la solution.

A la différence de presque tous mes amis, mes préoccupations dominantes sont tournées vers l'organisation de la production, considérée en premier lieu comme l'arme de propagande la plus efficace quoique la moins utilisée, en deuxième lieu, comme la détermination des moyens pratiques de passer, avec un minimum de désordre, du régime capitaliste au régime socialiste et d'assurer le fonctionnement normal de ce dernier.

Est-ce à dire que je nie la lutte des classes ?

Nullement.

Je la reconnais comme un fait. J'admets même que ce fait soit érigé en méthode — méthode discutable. — Je ne puis y voir un but. Elle est même le contraire du but socialiste qui est la disparition des classes. Or, un moyen, si excellent qu'on le puisse croire, ne se suffit pas à lui-même. Il ne peut tenir lieu d'un but.

On me répond : L'organisation de la classe ouvrière sur le terrain politique et économique conduit directement au but, car en même temps qu'elle réalise graduellement la prise de possession du gouvernement, elle prépare les travailleurs à la direction de la production. Et comme, d'autre part, l'évolution naturelle du régime capitaliste facilite notre tâche en imprimant à la production, aux transports, au commerce, un caractère de plus en plus collectif, la transformation sociale s'effectuera d'une façon quasi automatique quand le moment sera venu, de sorte qu'il est inutile et vain de chercher à en prévoir les modalités.

J'ai démontré à plusieurs reprises — et j'y reviens puisqu'on ne veut pas m'écouter — que c'était là l'erreur fondamentale de la tactique du parti. En régime capitaliste il n'existe pas d'organisation à proprement parler ; les initiatives individuelles, auxquelles on s'en remet du soin de pourvoir aux besoins généraux en leur laissant libre carrière, s'acquittent de cette fonction dans la mesure où elles y trouvent profit, mesure insuffisante, dont on se contente pourtant, faute de mieux. Mais en régime collectiviste, elles seront enchaînées. C'est la Nation elle-même qui devra tout produire et tout répartir, en outre de la tâche déjà si lourde de l'administration des services publics que s'est réservée la société actuelle.

J'entends bien que cette besogne formidable sera simplifiée par l'organisation même, qui emporte la suppression de la concurrence et fait disparaître la plus grande partie des difficultés des entreprises privées. Mais elle embrassera trop de rapports sociaux pour ne pas rester extrêmement compliquée. Et de quelles conséquences seraient les erreurs, alors qu'aucune intervention spontanée ne viendrait, comme aujourd'hui, les corriger !

Il est évident que moins nous aurons prépare notre organisation avant de prendre le pouvoir et moins nous serons en état d'appliquer nos principes. Or, nous n'aurons pas même la possibilité de gagner du temps en continuant à administrer avec la législation actuelle, car le capital, qui restera, dans cette période transitoire, le moteur indispensable de l'activité humaine, se sentant sous le coup d'une dépossession imminente, fera grève et nous laissera toute la production sur les bras. Nous serons incapables d'improviser une organisation nouvelle, aux bases essentielles de laquelle nous n'aurons pas même réfléchi. Ce sera, du jour au lendemain, une anarchie complète avec ses conséquences inévitables : misère et réaction.

Réaction momentanée, soit. Le socialisme surgira de nouveau, car l'avenir lui appartient. Mais on pourrait, et on devrait faire l'économie de ces troubles, de ces souffrances, de ces retards.

A côté de la lutte de classes, qu'il mène, d'ailleurs, au jour le jour, bien confusément, sans orientation, en se laissant pousser et ballotter par les événements au lieu de les tourner à son profit, le parti socialiste devrait consacrer une partie de ses efforts à l'organisation de la société future, qu'on peut préparer dès à présent, comme je l'ai vingt fois démontré, en se fondant sur les éléments techniques et humains qui existent, sauf à remettre au point, par la suite, les détails sur lesquels des retouches seraient nécessaires.

Voilà ce que je m'évertue à répéter depuis bien des années, soutenu par d'innombrables adhésions individuelles, mais sans que le Parti se décide à sortir de son inconcevable indifférence.

Il ne paraît pas même comprendre le tort énorme que cette attitude cause à notre propagande. Il semble croire que l'opinion accepte comme valables les mauvaises raisons par lesquelles il cherche à justifier son refus d'entrer dans la voie organique. En réalité, elle y voit avant tout un aveu d'impuissance, et aussi la preuve que nous jugeons nous-mêmes la réalisation de nos espérances bien éloignée.

On m'a dit souvent : Pourquoi n'exposez-vous pas votre conception de l'action socialiste dans un congrès ? J'y ai bien songé ; mais j'ai senti que le fossé qui me sépare de la masse du parti est si profond qu'il serait chimérique d'espérer le combler, et rien ne décourage plus d'accomplir un effort que d'être sûr d'avance qu'il sera sans résultat.

Au fond, le caractère exclusivement négatif de la politique du Parti s'explique fort bien par la nature des éléments qui le composent : le mouvement socialiste, dans sa forme moderne, date d'hier. Le Parti n'est encore qu'une avant-garde qui groupe des hommes de passion plutôt que de raison, de violence plutôt que de légalité, d'opposition et même de révolte plutôt que de gouvernement, de verbe plutôt que d'action, d'abstractions métaphysiques plutôt que de réalités. La masse du pays n'est pas et ne sera jamais de ce tempérament. Aussi les adhérents que nous y recruterons par la suite seront d'esprit moins enthousiaste, plus pondéré, plus pratique. Nous ne deviendrons majorité, ou même minorité imposante, qu'en incorporant une nouvelle couche socialiste qui transformera la tactique primitive. J'ai confiance qu'alors on reprendra pour les utiliser les matériaux que j'ai préparés et dont la génération présente méconnaît la valeur.

J'ai écrit plus haut que la méthode d'action fondée sur la lutte des classes est discutable. Je m'explique :

La lutte des classes n'est pas niable, et ceux de nos adversaires qui, gênés par l'évidence de ce fait, cherchent à équivoquer en soutenant qu'il n'y a pas de classes dans la société actuelle, commettent une grossière erreur. Il est bien vrai que ces classes ne sont pas figées, héréditaires et, par conséquent, ne constituent pas des castes. Il est bien vrai que l'ouvrier d'aujourd'hui pourra être patron demain. Mais de ce que des changements de classe sont possibles, il ne s'ensuit nullement que les classes n'existent pas, et il est absurde de se refuser à admettre que la classe ouvrière est en opposition d'intérêts avec la classe patronale sur les conditions du travail et, par suite, que les deux classes sont en lutte l'une contre l'autre.

Mais le Parti socialiste, de son côté, a tort de ne pas voir que la lutte de deux classes en conflit économique permanent n'est qu'un mode particulier du grand fait universel de la lutte pour la vie. En réalité, la mêlée est générale. L'ouvrier ne lutte pas seulement contre le patron pour élever les salaires ou diminuer la durée du labeur : il lutte contre le commerçant pour abaisser le coût de la vie ; il lutte contre l'ouvrier lui-même pour obtenir du travail, c'est-à-dire des moyens d'existence, ou pour empêcher l'avilissement des salaires. De son côté, le commerçant lutte contre le banquier pour en obtenir au meilleur compte possible les capitaux dont il a besoin, contre l'industriel et l'agriculteur pour le bon marché de ses achats, contre le commerçant lui-même pour lui disputer la clientèle. L'industriel lutte contre le commerçant, contre l'agriculteur et contre les industriels concurrents. L'agriculteur lutte contre l'ouvrier pour la main-d'œuvre dont il a besoin, contre le financier lorsqu'il recourt au crédit, contre le commerçant et l'industriel dans ses achats et ses ventes. Les propriétaires luttent contre les locataires. L'ensemble des producteurs d'une nation lutte contre l'ensemble des producteurs des autres nations.

Parmi ces formes multiples, ces combinaisons infinies d'antagonismes qu'engendre le régime individualiste, le Parti n'en prend qu'une seule en considération : il se constitue le champion de la classe ouvrière, et, ce faisant, il s'attire l'inimitié de toutes les autres. Il est juste de reconnaître que la classe ouvrière est la plus faible, la plus exploitée, et partant la plus intéressante. Mais le petit propriétaire, le petit commerçant, le petit industriel ne sont-ils pas aussi des victimes du grand capital ? Cela est si vrai que la plupart des socialistes ne séparent pas leur cause de celle du prolétariat proprement dit. Ils ont raison ; mais que devient alors le principe intangible de la lutte de classes ? Ce principe, qu'on ne cesse de proclamer, même en le transgressant, retentit comme un cri de guerre aux oreilles des millions d'exploités de ces classes intermédiaires, et les empêcher de venir à nous, alors que leurs conditions d'existence les rapprochent des ouvriers, et que leur situation ne peut être rendue meilleure que par le socialisme.

Si, laissant de côté ce vocable menaçant et irritant de lutte de classes, le parti socialiste se bornait à mettre en relief les avantages matériels et moraux devant résulter, pour l'immense majorité des hommes de la mise en commun des moyens de production, il verrait bientôt ses rangs se grossir des épaisses phalanges des petits possédants, dont le modeste avoir n'est que l'outil de travail, de cette milice compacte qui décide du sort des batailles électorales, sans l'appoint de laquelle nous n'aurons jamais la majorité et dont nous avons fait, en l'effrayant maladroitement, l'auxiliaire des privilégiés du capital.

La conception marxiste de la lutte de classes avait pour point de départ une idée juste : la substitution du mobile de l'intérêt au mobile du sentiment. En mettant fin à un illusionnisme voué à des déceptions éternelles, cette idée a ouvert au socialisme une voie directe vers la réalisation. Mais elle a été rétrécie et défigurée en se cristallisant dans la formule lutte de classes ; Marx a fait la coupure trop à gauche ; il eût dû opposer à l'oligarchie capitaliste le bloc des intérêts qu'elle foule aux pieds. C'est ce qu'avait bien compris le grand militant Liebknecht dont des fragments posthumes, écrits en 1881, publiés par le *Vorwaerts* du 7 août 1901, traduits par Jaurès et reproduits partiellement dans la *Petite République* expriment exactement cette pensée. Extrayons-en quelques lignes :

... « Le nombre de ceux qui sont poussés par leurs

intérêts dans les rangs de nos ennemis est si petit qu'il en devient presque négligeable.

... « La démocratie socialiste... est le parti de l'ensemble du peuple à l'exception de deux cent mille grands propriétaires, hobereaux, bourgeois et prêtres.

... « Le concept de classe ouvrière ne doit pas être entendu trop étroitement : nous comprenons dans la classe ouvrière tous ceux qui vivent exclusivement ou principalement du produit de leur travail et qui ne s'enrichissent point par le concours du travail d'autrui. Ainsi, dans la classe ouvrière, doivent être compris, outre les travailleurs salariés, la classe des paysans et cette petite bourgeoisie qui tombe de plus en plus dans le prolétariat, c'est-à-dire tous ceux qui souffrent du système actuel de la grande production. Quelques-uns prétendent, il est vrai, que le prolétariat des salariés est la seule classe révolutionnaire et qu'il forme seul l'armée du socialisme — que tout ce qui vient des autres états ou des autres classes doit être considéré avec méfiance. Par bonheur des conceptions aussi dépourvues de sens n'ont jamais été accueillies par la démocratie socialiste allemande.

... « Il ne faut pas demander : Es-tu salarié ? Mais : Es-tu socialiste ?

« Réduits aux salariés le socialisme serait incapable de vaincre. Compris par l'ensemble du peuple qui travaille et par l'élite morale et intellectuelle de la Nation, sa victoire est certaine. »

Si l'on admet avec Liebknecht que, dans un pays comme l'Allemagne, la classe capitaliste ne se compose que de deux cent mille privilégiés et que tout le reste des citoyens doit prendre place dans le parti socialiste, n'est-il pas évident que l'expression lutte de classes perd toute la signification qu'on lui prête habituellement et qu'elle devrait être remplacée par une autre, plus claire et plus exacte, telle que celle-ci : lutte contre le grand capital ?

Ce n'est pas là une distinction puérile, car à la formule étroite lutte de classes correspond une politique étroite et dangereuse qui s'élargirait et deviendrait plus efficace si elle avait une meilleure devise. Au lieu de s'adresser à une fraction du peuple, on s'adresserait au peuple tout entier ; au lieu de séparer artificiellement par des cloisons étanches le monde du travail, on le rassemblerait contre la minorité qui exploite le travail ; on insisterait moins sur l'organisation de la classe ouvrière et on se préoccuperait davantage de l'organisation du collectivisme.

Basée sur l'idée de lutte de classes, la tactique socialiste revêt un caractère violent, agressif, inquiétant ; elle détourne de nous les gens paisibles qui sont et resteront, quoiqu'on fasse, la presque unanimité des électeurs. Basée sur la doctrine socialiste proprement dite, s'attachant à démontrer la nécessité et les avantages d'une transformation de la société capitaliste en société collectiviste, opposant sans cesse les absurdités, les injustices, les misères du régime actuel à l'harmonie parfaite, au bien-être, à la sécurité universalisés qui existeront dans la société future, appelant tous les exploités du grand capital indistinctement à prendre place dans une humanité meilleure et plus fraternelle, au lieu de paraître en faire la terre promise réservée aux seuls prolétaires, consacrant une large part d'activités à la reconstruction du nouvel édifice au lieu de se borner à saper les bases de celui qui existe, notre politique cesserait de faire le vide autour de nous et deviendrait puissamment attractive.

Evidemment, l'idée pouvait se soutenir *a priori*

de choisir une seule classe, celle qui a le plus intérêt à la transformation sociale, de concentrer sur elle tous les efforts d'une propagande intensive et d'en faire en quelque sorte le levain qui amènerait ensuite la fermentation de toute la masse. Mais l'événement a montré que ce calcul n'était pas rigoureux : d'une part si la classe ouvrière souffre davantage que les autres, elle est la moins instruite, celle qui dispose du moins de temps pour s'intéresser à la politique et il est plus difficile, par conséquent, de la rendre consciente ; et d'autre part les ouvriers qu'on a groupés au nom de la lutte de classes vont beaucoup plus naturellement au syndicalisme, conception simpliste, qu'au socialisme, doctrine relativement ardue et dont la connaissance exige un peu d'intelligence et d'étude. Il pourrait y avoir avantage à ce que le syndicalisme fût pour le socialisme une première étape, une école préparatoire. Mais par malheur, on tend de plus en plus à le considérer comme le but définitif, et ceux qui y sont arrivés se retournent contre nous et nous font la guerre.

Le grand danger, en effet, de la formule lutte de classes c'est qu'on peut parfaitement l'accepter sans être socialiste. Bien plus ; il est logique de soutenir, et on n'y a pas manqué, que les syndicats, ouverts aux seuls salariés, constituent par excellence l'organisation de classe du prolétariat, très supérieurs à ce titre aux groupes socialistes dont les éléments sont empruntés à toutes les classes.

Telles sont les divergences qui me tiennent en dehors de l'action du parti socialiste, sans m'obliger cependant à en sortir puisque j'adhère complètement à son principe fondamental. Loin de me complaire dans mon isolement, j'en souffre beaucoup, car le socialisme est toute ma vie et rien de ce qui est en dehors de lui ne parvient à m'intéresser. Mais ma conscience se refuse à acheter par des capitulations une situation plus satisfaisante. J'ai cru pendant longtemps que mes efforts réussiraient à amener le Parti, sinon à modifier entièrement sa tactique, du moins à faire une part à la mienne ; mais j'ai dû renoncer à cette espérance. Il ne me reste plus pour me soutenir que le sentiment du devoir et la conviction qu'un jour plus ou moins éloigné, on se rendra compte de l'importance de la contribution que j'ai apportée à la pensée socialiste. Cela me suffira.

Deux mots, pour terminer, sur le livre lui-même : la transformation de la société capitaliste en société collectiviste comprendra une partie essentielle dont l'accomplissement ne pourrait être différé ni fragmenté : la transformation économique, et une partie secondaire qui pourrait sans inconvénient n'être réalisée que plus tard et devra, par conséquent, être ajournée pour ne pas surcharger par des complications inutiles une œuvre déjà si formidable : je veux parler de la refonte de nos institutions d'enseignement, de relations extérieures et de défense nationale. Quand le législateur socialiste aura assuré le fonctionnement du système économique nouveau, il aura tout le loisir de mettre ces institutions provisoirement conservées en harmonie avec le reste. Je n'ai donc pas jugé à propos d'anticiper sur son œuvre. Par contre, j'ai pensé que la réorganisation de la justice était inséparable de la réorganisation économique.

La même préoccupation de limiter ce *Projet de Code socialiste* au strict nécessaire m'a également amené à y laisser une lacune importante au titre des colonies : à savoir la détermination du statut civil des indigènes et du régime de leur propriété. A raison des différences de mœurs, d'état social, de développement intellectuel qui existent chez nos sujets indigènes, il faudra adopter des dispositions spéciales pour chaque colonie ou groupement de colonies. Ce sera donc un gros travail ; mais il ne présente pas une extrême urgence et on peut se dispenser de le faire figurer dans un livre destiné principalement à prouver à nos adversaires que le socialisme, quoi qu'ils en disent, est autre chose qu'une force de destruction.

Avec ce troisième volume, mon ouvrage est complet. Ceux qui prendront la peine de l'étudier y verront le socialisme, non plus à travers des abstractions nuageuses, mais vivant et agissant. Ils l'y verront non pas forcément tel qu'il sera — je ne suis pas prophète — mais tel qu'il pourrait être s'il se réalisait demain. Ils sentiront sa puissance souveraine. Beaucoup, le voyant ainsi, s'y rallieront ; d'autres prendront à son égard une attitude de neutralité bienveillante. Ceux qui lui demeureront hostiles le respecteront et ce seul résultat ne sera pas à dédaigner.

Lucien Deslinières

Juin 1912.

TROISIEME PARTIE

TITRE XIV

ORGANISATION ADMINISTRATIVE

CHAPITRE PREMIER

Des ministres

ART. 791

Il est créé dix-sept départements ministériels, sous les dénominations suivantes :

Agriculture,
Industrie,
Commerce intérieur et extérieur,
Transports, Navigation et Correspondances,
Mines et Carrières,
Forces,
Bâtiments et Travaux publics,
Hygiène publique,
Solidarité sociale,
Colonies et Protectorats,
Trésorerie, Comptabilité et Statistique,
Instruction publique,

Justice,
Sciences, Beaux-arts, Littérature, Presse,
Intérieur,
Affaires étrangères,
Guerre et marine,

Il y aura, en outre, trois ministres sans portefeuille.

Art. 792

Les ministres sont nommés par le Président de la République.

Les ministres sans portefeuille sont responsables solidairement devant la Chambre de la politique générale du gouvernement.

Les autres ministres sont responsables individuellement devant la Chambre de leurs actes personnels.

Art. 793

Chaque ministre exerce, au nom du Président de la République, la direction du département à la tête duquel il est placé.

Il ne prend la parole, à la Chambre et au Conseil d'Etat, que sur les affaires de ce département.

Les ministres sans portefeuille ne dirigent aucun département. Ils prennent la parole, à la Chambre et au Conseil d'Etat, sur les affaires de tous les départements, sans distinction. Ils ont seuls la parole sur les questions qui ne ressortissent spécialement à aucun département et sur celles de politique générale. Ils ont seuls la parole au Sénat.

Art. 794

Les ministres se réunissent en Conseil pour délibérer sur les questions d'ordre général et celles qui se rattachent aux rapports entre les divers départements.

L'un des ministres sans portefeuille est élu par eux président du Conseil ; les deux autres en sont vice-présidents et sont appelés en cette qualité à suppléer le président empêché.

Lorsque le Président de la République assiste au Conseil des ministres, il en prend la présidence.

Art. 795

Tous les actes du Président de la République concernant un département sont contresignés par le Président du Conseil et par le ministre placé à la tête de ce département.

Tous les actes du Président de la République concernant plusieurs départements sont contresignés par le Président du Conseil et par les ministres titulaires de ces départements.

Tous les actes du Président de la République se rattachant à la politique générale sont contresignés par le Président du Conseil et par les deux autres ministres sans portefeuille.

CHAPITRE II

De l'administration

Art. 796

L'administration centrale de chaque ministère est divisée en directions, les directions en divisions, les divisions en bureaux. Le nombre des directions, des divisions et des bureaux est déterminé par décrets, selon les besoins du service.

Il y a, à la tête de chaque direction, un directeur, qui peut être assisté d'un sous-directeur ; à la tête de chaque division, un chef de division, qui peut être assisté d'un sous-chef : à la tête de chaque bureau, un chef de bureau, qui peut être assisté d'un sous-chef.

Les bureaux peuvent être divisés en sections, sous les ordres d'un commis principal.

ART. 797

Le ministère de l'Intérieur est représenté, au chef lieu de chaque département, par un préfet, chef de service départemental, qui y est en même temps le représentant officiel du gouvernement.

Le préfet est chargé, en outre, exceptionnellement, des affaires des ministères qui n'ont pas de représentant spécial au chef-lieu.

ART. 798

Les ministères de l'Agriculture, de l'Industrie, du Commerce intérieur et extérieur, des Transports, Navigation et Correspondances, des Mines et Carrières, des Forces, des Bâtiments et Travaux publics, de l'Hygiène publique, de la Solidarité sociale, de la Trésorerie, Comptabilité et Statistique, de l'Instruction publique, des Sciences, Beaux-Arts, Littérature et Presse, sont représentés, au chef-lieu de chaque département, par des directeurs départementaux, chefs de l'administration départementale du ministère dont dépend chacun d'eux.

ART. 799

Les directeurs départementaux ont dans leur service des divisions et des bureaux, ou des bureaux seulement.

ART. 800

Les ministères énumérés en l'art. 798 ont des directeurs ou des agents dans toutes les communes.

Toutefois, dans les communes peu importantes, plusieurs services peuvent être confiés au même directeur ou au même agent.

CHAPITRE III

Des comités consultatifs

Art. 801

Chaque ministre est assisté d'un Conseil supérieur qui a pour mission de donner son avis sur les questions qui lui sont soumises par le ministre et d'indiquer à ce dernier, sous forme de vœux, les améliorations de toute nature qu'il juge utiles dans son service.

Le Conseil supérieur fait, en outre, fonction de Conseil de discipline pour le personnel de l'administration centrale et celui de l'administration départementale à la nomination directe du ministre.

Art. 802

Chaque directeur départemental est assisté d'un Conseil départemental qui a pour mission de donner son avis sur les questions qui lui sont soumises par le directeur et d'indiquer à ce dernier les améliorations qu'il juge utiles dans son service.

Le Conseil départemental fait, en outre, fonction de Conseil de discipline pour le personnel administratif à la nomination des autorités départementales et communales.

Art. 803

La composition des Conseils supérieurs et des Conseils départementaux est fixée, pour chaque ministère, au titre y relatif.

CHAPITRE IV

Du contrôle

ART. 804

L'administration, à tous ses degrès, est placée sous le contrôle permanent des citoyens et de leurs mandataires élus. Ce contrôle s'exerce dans les conditions suivantes :

ART. 805

Une commission communale de contrôle est élue par chaque conseil municipal, en même temps que le maire et les adjoints. Elle est composée de trois membres nommés pour un an et rééligibles. Elle désigne parmi ses membres un président. Un employé de la mairie lui est attaché comme secrétaire. Elle siège à la mairie aussi souvent que les besoins du service l'exigent et au moins une fois par mois. Les procès-verbaux de ses délibérations sont consignés sur un registre spécial et signés du président et du secrétaire.

La présence de deux membres au moins est nécessaire pour la régularité de ses réunions.

Si une réunion n'a pu avoir lieu faute de ce nombre minimum, et que la commission soit saisie de plaintes, le président convoque une deuxième réunion dans la huitaine. Si cette réunion ne peut avoir lieu pour le même motif, le maire expédie les affaires courantes et inscrit d'office à l'ordre du jour de la prochaine séance du Conseil municipal la nomination de nouveaux membres en remplacement des membres manquants.

Si le maire néglige de remplir cette obligation le préfet, sur la plainte d'un citoyen, ordonne l'inscription de cette nomination à l'ordre du jour.

ART. 806

Une commission départementale de contrôle est élue par chaque Conseil général dans sa première session. Elle est composée de trois membres nommés pour un an et rééligibles. Elle désigne parmi ses membres un président. Un employé de la préfecture lui est attaché comme secrétaire. Elle siège à la préfecture et délibère dans les conditions fixées par l'article précédent, le préfet étant chargé, comme le maire dans les communes, de veiller à la régularité des opérations et au besoin d'expédier les affaires courantes.

ART. 807

Une commission nationale de contrôle est élue chaque année par la Chambre des députés qui fixe elle-même dans son règlement le nombre de ses membres, la périodicité de ses réunions, et les conditions de son fonctionnement.

ART. 808

Les commissions de contrôle communales ont à leur disposition les laboratoires d'analyse du service de l'Hygiène publique dans les communes où il en existe.

Les commissions départementales ont également à leur disposition les laboratoires d'analyses des villes où elles siègent ; sur leur demande. reconnue justifiée par le Conseil général, un laboratoire spécial leur est attribué.

La commission nationale dispose d'un laboratoire spécial.

Art. 809

Tout citoyen ayant à se plaindre de la qualité d'un produit peut déposer une plainte au secrétariat de la commission communale, en indiquant l'origine de ce produit et en en joignant, s'il se peut, un échantillon.

Dans les vingt-quatre heures, le commissaire de police de la commune ou son délégué, sur la réquisition du secrétaire de la commission, se rend au lieu d'origine du produit faisant l'objet de la plainte et en prélève un deuxième échantillon en double dont une note, scellée par lui et signée de l'agent du service de la vente certifie l'identité.

Si le lieu d'origine du produit est extérieur à la commune du domicile du plaignant, la réquisition du secrétaire de la commission est adressée au commissaire de police de cette localité et les délais fixés par les art. 809 et 810 sont augmentés du temps nécessaire pour la correspondance et l'envoi des échantillons saisis.

Art. 810

Si le produit saisi peut s'altérer rapidement, et s'il est nécessaire de vérifier sa composition chimique, le secrétaire de la commission remet les échantillons prélevés, avec celui déposé par le plaignant, le jour même où le prélèvement a été opéré, au laboratoire d'analyses du service de l'Hygiène publique de la commune ; s'il n'en existe pas, il les envoie au laboratoire le plus proche.

L'analyse des produits, avec les conclusions du chef du laboratoire, est envoyée au secrétariat de la commission dans la huitaine de la réception des échantillons.

Art. 811

Si le produit ne peut s'altérer dans le délai de deux mois ou s'il est inutile de vérifier sa composition chimique, il est soumis à la commission de contrôle dans sa prochaine réunion.

Art. 812

La commission de contrôle donne son avis sur toutes les plaintes dont elle est saisie, en y joignant les analyses, quand il en a été fait. Les plaintes sont transmises aussitôt, avec l'avis de la commission et toutes pièces et échantillons joints, à la commission départementale.

Art. 813

La commission départementale examine et classe les plaintes qui lui sont transmises par les commissions communales. Elle fait, si elle le juge à propos, contrôler les analyses et provoque l'avis de techniciens sur la qualité des produits qui lui sont soumis.

S'il s'agit de produits de l'agriculture ou de la petite industrie destinée à la consommation locale, elle transmet au préfet les dossiers renfermant les séries de plaintes dont un même produit a été l'objet en y joignant ses conclusions. Le préfet, selon le cas, applique aussitôt les sanctions qu'il juge nécessaires ou les propose à l'autorité compétente.

Aucune plainte ne sera reçue pour mauvaise qualité ou tromperie sur la quantité des produits agricoles vendus directement de gré à gré par le producteur au consommateur, réserve étant faite de l'action répressive, contre les fraudes de nature à nuire à la santé, en vertu des articles cités au paragraphe 3 de l'art. 815.

S'il s'agit de produits provenant de l'importation

ou de la grande industrie destinée à la consommation nationale, la commission départementale transmet les dossiers avec ses conclusions à la commission nationale.

La transmission des dossiers, conformément aux deux paragraphes précédents, est faite dans les deux mois de la réception des plaintes au secrétariat de la commission départementale.

Art. 814

La commission nationale examine et classe les dossiers qui lui sont transmis par les commissions départementales. Elle détermine l'origine des produits et prend toutes mesures de vérification ou d'instruction qu'elle juge utiles. Elle transmet dans les deux mois de leur réception, les dossiers, classés par séries pour chaque produit de même origine, au ministère de l'Intérieur avec ses conclusions.

Le ministère de l'Intérieur applique aussitôt ou propose aux ministres compétents les sanctions qu'il croit nécessaires.

Art. 815

Tout agent de la production, de la répartition ou des transports convaincu d'avoir concouru, à quelque titre que ce soit, consciemment ou par négligence, à la préparation ou à la livraison aux consommateurs d'un produit reconnu de mauvaise qualité sera puni, selon la gravité des cas, de l'admonestation, de la radiation ou de la non inscription temporaire au tableau d'avancement, ou de la rétrogradation.

Lorsque le produit altéré sera reconnu de nature à nuire à la santé des consommateurs, la rétrogradation sera toujours prononcée ;

Le tout sans préjudice de l'application des pénalités prononcées par l'art. 752, nos 6 et 7, par l'article 753, nos 8 et 9, par l'art. 757, n° 3 et par l'article 758, n° 1.

Les mesures disciplinaires prévues par le paragraphe 1er du présent article seront applicables à tout directeur ou employé d'un magasin qui aura trompé un acheteur sur la quantité ou sur le prix.

Les mesures disciplinaires prévues par le paragraphe 2 du présent article seront applicables à tout directeur ou employé qui se sera approprié indûment les quantités livrées en moins ou les prix perçus en trop. Dans ce dernier cas les pénalités portées à l'art. 752, sous le n° 5, seront appliquées.

Un règlement d'administration publique fixera les mesures disciplinaires applicables à chaque faute en prévoyant une aggravation pour les cas de récidive.

Art. 816

Tout plaignant sera avisé par les secrétaires des différentes commissions de contrôle à qui sa plainte aura été transmise, et par lettres recommandées, de la suite qui y aura été donnée par chaque commission. Il sera, en outre, avisé par le préfet, ou le chef de service compétent, ou le ministre, selon les cas, de la sanction qui aura été prononcée ou de la décision qui aura déclaré la plainte sans fondement.

Si, à l'expiration des délais fixés par les articles précédents, le plaignant n'a pas reçu les avis prescrits par le paragraphe ci-dessus, il pourra adresser sa réclamation au secrétariat de la commission nationale. S'il ne reçoit pas de réponse dans la quinzaine, la question pourra être portée à la tribune de la Chambre des députés.

Art. 817

Tout citoyen qui serait victime d'un refus de service, d'un abus de pouvoir, d'une spoliation, d'une vexation ou d'un manque de politesse de la part d'un agent de l'Administration à qui il avait affaire à l'occasion de l'exercice de ses fonctions, pourra porter plainte à la commission municipale de contrôle instituée par l'art. 805.

Sa réclamation sera instruite par cette commission et transmise avec son avis à la commission départementale dans le délai de deux mois.

La commission départementale procédera à une nouvelle instruction si elle le juge à propos et transmettra le dossier au préfet dans les deux mois de sa réception, avec ses conclusions.

Art. 818

Si la commission municipale et la commission départementale sont d'accord pour reconnaître que la plainte est sans fondement, le préfet en prononcera le rejet et en informera l'auteur.

Si la plainte est reconnue non fondée et portée dans un esprit de malveillance, le préfet, en notifiant le rejet à son auteur, lui adressera une admonestation, sans préjudice de l'application des pénalités portées contre la dénonciation calomnieuse, s'il y a lieu.

Art. 819

Si la commission municipale et la commission départementale sont d'accord pour reconnaître le bien fondé de la plainte, ou si elles sont en désaccord à cet égard, le préfet transmettra le dossier au ministre compétent, avec son avis, dans la quinzaine de la réception du dit dossier. Le ministre, en cas de désaccord des deux commissions, pourra prescrire une nouvelle enquête. Il saisira en tout cas, dans les deux mois de la réception du dossier, le Conseil de discipline dont relève l'agent qui aura donné lieu à la plainte.

Dans certains cas peu graves, et à l'égard de certains agents administratifs déterminés par un règlement d'administration publique, le préfet exercera d'office les pouvoirs du ministre.

Art. 820

Lorsque la plainte sera portée contre un agent placé sous les ordres du plaignant, ou sous les ordres duquel le plaignant sera placé, elle sera adressée au ministre ou au préfet dont relèvent l'un et l'autre. Le ministre ou le préfet prescrira une enquête, et, selon ses résultats, rejettera la plainte ou saisira le Conseil de discipline.

L'auteur d'une plainte, rejetée par le ministre ou le préfet dans ces conditions, pourra l'introduire de nouveau devant la commission municipale de contrôle, conformément à l'art. 817.

Art. 821

Indépendamment du droit de contrôle assuré, par les dispositions qui précèdent, à l'universalité des citoyens sur l'ensemble des administrations, chaque administration sera pourvue d'un service de contrôle, distinct des autres services et relevant directement du ministre.

L'organisation de ce contrôle est déterminée, pour chaque département ministériel, au titre y relatif.

CHAPITRE V

Des nominations, de l'avancement et des mesures disciplinaires

Art. 822

Il sera délivré à tous les apprentis à la fin de leur apprentissage, à tous les élèves d'écoles professionnelles à leur sortie des dites écoles, à tous les surnuméraires à la fin de leur surnumérariat, un titre indiquant leurs noms, prénoms, date de naissance, domicile, profession, ainsi que la classe dans laquelle ils entreront.

Ces titres seront délivrés, au nom du ministre dans le département duquel leurs titulaires seront placés, par des délégués désignés par décret.

De nouveaux titres seront délivrés chaque fois qu'un avancement aura été obtenu, ou qu'une rétrogradation aura été prononcée, ou qu'il y aura eu changement de profession.

Les titres afférents aux emplois supérieurs, qui seront énumérés par décret, seront signés par le ministre.

Art. 823

Les porteurs de titres délivrés conformément aux paragraphes 1 et 2 de l'article précédent, qui désireront participer au travail national, se présenteront, pour se faire inscrire, à la mairie de la commune de leur domicile.

Mention de l'inscription sera faite sur leur titre. A partir de ce jour chacun d'eux touchera le traitement attaché à l'emploi auquel son titre lui donne droit.

Dans les vingt-quatre heures, le maire transmettra

la déclaration d'inscription au chef de service compétent, lequel lui sera désigné par une instruction. Le chef de service assignera immédiatement au nouvel inscrit la place qu'il doit occuper jusqu'au vote du prochain budget de la production, à la suite duquel son affectation définitive sera fixée.

Art. 824

Tous les tableaux d'avancement établis selon les prescriptions du chapitre II du titre VI seront, dans les conditions déterminées par des instructions, centralisés au ministère dont ressortit chaque catégorie de travailleurs.

Le nombre des inscrits appelés à bénéficier de l'avancement effectif, étant fixé chaque année par le budget de la production, conformément à l'art. 226, l'avancement sera donné d'abord aux inscrits les plus anciens, puis, à égalité d'ancienneté, aux plus âgés.

Dans la huitaine de l'avancement, il sera délivré un titre nouveau à chaque bénéficiaire conformément au paragraphe 3 de l'art. 822.

Art. 825

Les nominations et changements de fonctions dans la magistrature seront effectués conformément aux dispositions du Titre XXVII ci-après.

L'avancement, les rétrogradations et les modifications de toute nature, dans l'armée, seront régis par les lois, décrets et règlements en vigueur au moment de la promulgation de la présente loi.

Art. 826

L'attribution d'un lot de petite culture ou l'entrée dans une association de grande culture, qui constitueront l'avancement des journaliers agricoles de première classe, auront lieu chaque fois qu'un lot de petite culture, ou une place dans une association de grande culture deviendront vacants, dans la commune où l'inscription au tableau d'avancement aura été faite.

Chaque journalier de première classe inscrit au tableau devra aussitôt déclarer à la mairie de sa commune s'il opte pour la grande ou la petite culture.

Les lots et places seront attribués, d'abord aux plus anciens inscrits, puis, à égalité d'ancienneté, aux plus âgés.

Art. 827

L'entrée dans une association de pêcheurs aura lieu dans les conditions fixées par l'article précédent pour les associations de grande culture.

Art. 828

Les nominations aux emplois et fonctions supérieurs, pour lesquels le chapitre II du titre VI n'a pas prévu de tableaux d'avancement, seront faites par le ministre, sur une liste de trois candidats pour chaque emploi disponible qui sera dressée par le Conseil supérieur.

Art. 829

Tout journalier, ouvrier, employé ou fonctionnaire, quel que soit son grade et à quelque service qu'il appartienne, qui a commis une faute, peut être l'objet d'une mesure disciplinaire soit sur le rapport de son chef hiérarchique, soit sur le rapport du contrôle spécial de chaque service, soit sur les conclusions des commissions de contrôle établies par le chapitre IV du présent titre.

ART. 830

En cas d'urgence, le ministre pourra prononcer la suspension qui produira son effet jusqu'à la décision du Conseil de discipline. L'agent suspendu ne sera, en attendant cette décision, astreint à aucun travail ; il recevra le salaire qui lui était attribué précédemment. Le ministre pourra déléguer aux directeurs départementaux les pouvoirs que lui confère le présent article pour tous les journaliers, ouvriers, possesseurs de lots, associés de grande culture et employés départementaux.

ART. 831

Dans le mois du rapport donnant ouverture à l'action disciplinaire, qu'il y ait eu ou non suspension, le Conseil de discipline compétent prononcera la sanction. Sa décision sera sans appel.

La pénalité qu'il appliquera, s'il y a lieu, sera la radiation ou la non inscription temporaire au tableau d'avancement, ou encore la rétrogradation d'un ou plusieurs degrés. Pour le cultivateur possédant un lot ou faisant partie d'une association de grande culture, la rétrogradation d'un degré le fera redevenir journalier de première classe.

Dans le cas où les faits incriminés auraient donné lieu à des poursuites judiciaires, le Conseil ne statuera qu'après que la sentence de justice sera devenue définitive. Si la dégradation civique est prononcée, le Conseil de discipline ne sera pas saisi.

ART. 832

Le ministre pourra toujours, à titre de mesure disciplinaire, déplacer un agent dont le travail ou la conduite auraient donné des sujets de plainte jugés insuffisants pour être déférés au Conseil de discipline.

Toutefois, il ne pourra l'envoyer contre son gré dans une colonie autre que l'Algérie, à moins que trois déplacements disciplinaires au moins n'aient été prononcés antérieurement à cette mesure dans les cinq années qui l'ont précédée.

ART. 833

Quiconque, n'ayant pas accepté la mesure disciplinaire prise contre lui et ayant cessé tout travail, demandera sa réintégration, sera pourvu de l'emploi qui lui avait été assigné par cette mesure.

TITRE XV

AGRICULTURE

CHAPITRE PREMIER

Organisation des services

SECTION PREMIÈRE

Service central.

ART. 834

Les services du ministère de l'Agriculture sont répartis en seize directions dont les attributions sont fixées comme suit :

Composition et attribution des lots de culture.
Cultures en France.
Cultures en Algérie et Tunisie.
Cultures dans les autres colonies.

Amendements, engrais, semences, matériel agricole.

Hydraulique agricole.

Améliorations du sol (défrichements, dessèchements, drainages, etc).

Forêts et reboisements.

Productions diverses (chasse, pêche en eau douce, pisciculture).

Répartition des produits.

Petites propriétés non expropriées.

Etudes, recherches et enseignement agricole.

Personnel.

Comptabilité et statistique.

Centralisation.

Cabinet du ministre.

ART. 835

La direction *Composition et attribution des lots de culture* est chargée :

1° Au moment de la promulgation de la présente loi, d'ass[illegible]er l'exécution des dispositions portées au chapitre Ier du titre IV ;

2° Ultérieurement, de créer de nouveaux lots de petite et de grande culture, soit au moyen des terres qui feront retour à la Nation en vertu de l'art. 8, soit au moyen de celles qui seront mises à sa disposition par la direction des améliorations du sol, en France et dans les colonies ;

3° De pourvoir de titulaires tous les lots qui deviendront vacants ;

4° Et généralement de prendre ou de proposer toutes mesures relatives à la formation et à l'attribution des lots de culture.

ART. 836

La direction *Cultures en France* est chargée d'assurer, en se concertant avec les directions des cultures dans les colonies, et avec la direction *Petites propriétés non expropriées*, tant que celle-ci subsistera, la production agricole nécessaire à la consommation intérieure, et à l'exportation s'il y a lieu, et dont les quantités annuelles seront fixées par le budget de la production.

Les directions *Cultures en Algérie et Tunisie* et *Cultures dans les autres colonies* sont chargées, chacune pour les territoires qui leur sont attribués et pour les produits de l'agriculture de ces territoires, de concourir avec la direction *Cultures en France* à assurer la production générale agricole comme il est dit ci-dessus.

Art. 837

La direction *Amendements, engrais, semences, matériel agricole*, est chargée :

1° D'assurer par les services des mines, de l'industrie ou du commerce extérieur l'approvisionnement en amendements, engrais et matériel agricole fixé par le budget de la production ;

2° De prélever sur les récoltes annuelles, ou de produire par des cultures spéciales, ou encore d'obtenir du service du commerce extérieur les semences sélectionnées nécessaires à l'agriculture métropolitaine et coloniale, et d'en assurer la répartition aux cultivateurs

Art. 838

La direction *Hydraulique agricole* est chargée d'assurer l'irrigation, en France et aux colonies, de toutes les terres dont ce procédé peut augmenter la production.

ART. 839

La direction *Améliorations du sol* est chargée d'amener à l'état de productivité agricole, par des défrichements, défoncements, dessèchements, drainages, et autres moyens recommandés par la science, tous les terrains incultes, en France et aux colonies, reconnus susceptibles de donner un rendement rémunérateur.

ART. 840

La direction *Forêts et reboisements* est chargée ;

1° De la conservation et de l'exploitation des forêts actuelles ;

2° Du reboisement de tous les terrains impropres à des cultures plus rémunératrices.

ART. 841

La direction *Productions diverses* est chargée d'assurer la reproduction du gibier et du poisson d'eau douce, d'en porter la quantité au maximum possible et de veiller à l'application des lois et règlements qui protègent ces animaux.

ART. 842

La direction *Répartition des produits* est chargée de livrer au service du commerce les produits de l'agriculture.

ART. 843

La direction *Petites propriétés non expropriées*, qui cessera d'exister lorsque toutes les petites propriétés agricoles non soumises à l'expropriation seront entrées dans la collectivité, sera chargée en attendant :

1° D'assurer l'application de la section II du chapitre XI du titre XI de la présente loi ;

2° De renseigner les propriétaires non expropriés sur les cultures les plus rémunératrices et leur conseiller les meilleures méthodes de culture ;

3° Et généralement de prendre ou de proposer toutes mesures ayant pour but d'assurer aux propriétaires non expropriés la liberté de leur exploitation individuelle et de la faciliter, tout en défendant contre eux, au besoin, les intérêts de la Nation.

Art. 844

La direction *Etudes, recherches et enseignement agricole* est chargée :

1° De rechercher, en France, dans les colonies et à l'étranger, les meilleures méthodes culturales, les plantes utiles, les espèces végétales et les races animales supérieures ;

2° D'expérimenter dans des établissements spéciaux toutes les découvertes, tous les progrès qui lui seraient signalés ou proposés dans toutes les branches de l'agriculture, et de renseigner les directions intéressées sur les résultats obtenus ;

3° De diriger l'enseignement agricole.

Art. 845

La direction *Personnel* est chargée de pourvoir au recrutement du personnel des services central et départementaux à la nomination du ministre, et de s'occuper, en outre de son avancement, des mesures disciplinaires qui peuvent être encourues, des démissions, mises à la retraite, etc.

Art. 846

La direction *Comptabilité et statistique* est chargée :

1° D'établir les comptes des traitements du personnel du ministère et de délivrer les mandats de paiement ;

2° D'établir les comptes des fournitures faites aux autres ministères et reçues d'eux ;

3° De centraliser tous les éléments de statistique des diverses directions du ministère ;

4° Et généralement de faire tous travaux de comptabilité ou de statistique dont l'utilité serait reconnue.

ART. 847

La direction *Centralisation* est chargée des rapports avec les directions départementales. Elle reçoit leur correspondance, transmet chaque demande à la direction compétente, réunit les réponses, signale aux directions les contradictions qui peuvent s'y trouver, en provoque la suppression, veille à ce que toutes les demandes des directions soient solutionnées rapidement et transmet les réponses aux directeurs.

ART. 848

La direction *Cabinet du ministre* assiste le ministre dans ses travaux et expédie toutes les affaires qui ne sont pas attribuées spécialement à d'autres directions.

ART. 849

Des décrets fixent le nombre et les attributions des divisions et bureaux ; les sections sont créées s'il y a lieu, par voie de règlements intérieurs.

ART. 850

L'Institut national agronomique, existant à Paris, sera maintenu comme école supérieure d'agriculture.

SECTION II

Services départementaux.

ART. 851

Le ministre de l'agriculture est représenté, dans chaque département, par un directeur départemental qui est chargé, dans sa circonscription, de diriger les cultures, les recherches, l'enseignement agricole primaire, les améliorations du sol et généralement tous les services du ministère sauf celui du contrôle. Il préside le Conseil départemental. Il est assisté d'autant de directeurs-adjoints que le département comprend de fois 100.000 habitants, toute fraction supérieure à 50.000 entrant en ligne de compte.

ART. 852

Des arrêtés ministériels fixent et modifient la répartition en divisions et bureaux des services des directions départementales selon les besoins locaux.

ART. 853

Il sera créé dans chaque canton une école primaire d'agriculture avec une ferme pour l'enseignement pratique.

ART. 854

Il sera créé dans chacune des régions déterminées par l'art. 859, une école secondaire d'agriculture à laquelle sera annexé un service de recherches avec laboratoire et champs d'expériences.

ART. 855

Le directeur départemental a sous ses ordres, dans chaque commune, un directeur communal.

SECTION III

Services coloniaux.

ART. 856

Il existe dans chaque colonie un directeur colonial et autant de directeurs locaux que le comportent les besoins du service.

Il y sera créé une école secondaire d'agriculture avec service de recherches et autant d'écoles primaires que de besoin.

ART. 857

Le directeur colonial de l'agriculture est tenu d'assurer le contingent de produits agricoles fixé pour sa colonie par la répartition du ministère, d'après les quantités portées au budget de la production.

CHAPITRE II

Comités consultatifs.

SECTION PREMIÈRE

Conseil supérieur.

ART. 858

Le Conseil supérieur de l'agriculture est composé :

1° Du ministre, président ;

2° Des inspecteurs généraux et du directeur de l'Institut national agronomique, vice-présidents ;

3° Des directeurs au ministère ;

4° De vingt directeurs départementaux ;

5° Des directeurs d'écoles secondaires agricoles régionales ;

6° De vingt délégués des directeurs d'écoles primaires agricoles ;

7° De vingt délégués agricoles désignés comme il sera dit à l'art. 859 ;

8° D'un délégué par colonie désigné comme il sera dit au même article.

Art. 859

La France métropolitaine sera divisée par décret du Président de la République en vingt régions agricoles, en tenant compte non seulement du nombre des départements, mais aussi de leur importance agricole et de la nature de leurs cultures.

Les vingt directeurs départementaux et les vingt délégués des directeurs d'écoles primaires, devant siéger au conseil supérieur, seront élus par leurs collègues de chaque région à la majorité absolue des suffrages, ou, si deux tours de scrutin ne donnent pas de majorité absolue, à la majorité relative.

Les vingt délégués agricoles devant siéger au Conseil supérieur seront élus par les délégués agricoles aux Conseils départementaux de la région, à la majorité absolue aux deux premiers tours ou à la majorité relative au troisième tour.

Les délégués coloniaux seront désignés chacun par le Conseil agricole de la colonie qu'il représentera.

Art. 860

Le Conseil supérieur de l'agriculture se réunit à Paris quatre fois par an sur la convocation du ministre. Il fixe lui-même la durée de chaque session selon l'importance de son ordre du jour.

Art. 861

Le Conseil supérieur donne son avis sur toutes les questions qui lui sont soumises, soit par le ministre, soit par la Chambre des députés, soit par le Conseil d'Etat, soit par un de ses membres ;

Il concourt à la nomination aux fonctions d'inspecteurs généraux, de directeur de l'Institut national agronomique, de directeurs d'écoles régionales, de directeurs au ministère, de directeurs départementaux et de directeurs coloniaux dans les conditions fixées à l'art. 828.

Il fait fonction de Conseil de discipline pour ces mêmes fonctionnaires, ainsi que pour tous les employés de l'administration centrale ayant au moins rang de chef de bureau, dans les conditions fixées à l'art. 831.

Section II

Conseils départementaux.

Art. 862

Les Conseils départementaux de l'agriculture sont composés :

1° Du directeur départemental, président ;

2° Des inspecteurs départementaux, vice-présidents ;

3° Des chefs de division de la direction départementale ;

4° Des directeurs d'écoles primaires agricoles ;

5° D'un délégué agricole par canton.

Art. 863

Les délégués agricoles cantonaux sont élus par les cultivateurs possesseurs de lots ou associés de grande culture à la majorité absolue au premier tour de scrutin ou à la majorité relative au second tour.

ART. 864

Le Conseil départemental se réunit au chef-lieu du département quatre fois par an, un mois avant le Conseil supérieur; sur la convocation du directeur départemental; il fixe la durée de chaque session selon l'importance de son ordre du jour.

ART. 865

Le Conseil départemental donne son avis sur toutes les questions qui lui sont soumises, soit par le directeur départemental au nom du ministre, soit par le Conseil général du département, soit par un de ses membres.

Il fait fonction de Conseil de discipline pour tous les agents de la production agricole, employés et fonctionnaires, autres que ceux visés au paragraphe 3 de l'art. 861.

SECTION III

Conseils coloniaux.

ART. 866

Le Conseil agricole de chaque colonie est composé :

1° Du directeur colonial, président;

2° Du directeur de l'école secondaire agricole et de l'inspecteur général colonial, vice-présidents;

3° Des inspecteurs coloniaux;

4° Des directeurs locaux;

5° Des chefs de division de la direction coloniale;

6° Des directeurs d'écoles primaires agricoles ;

7° De délégués élus par les agriculteurs de la colonie, et dont le nombre et le mode d'élection seront fixés par décret.

ART. 867

Le Conseil colonial se réunit au moins quatre fois par an aux époques qu'il fixe lui-même ; il détermine la durée de sa session.

ART. 868

Il donne son avis sur toutes les questions qui lui sont soumises, soit par le directeur colonial, au nom du ministre, soit par le gouvernement colonial, soit par un de ses membres.

Il exerce les pouvoirs disciplinaires attribués aux Conseils départementaux.

CHAPITRE III

Contrôle

ART. 869

La surveillance et le contrôle de tous les services du ministère de l'agriculture sont assurés, conformément à l'art. 821 :

1° Par vingt inspecteurs généraux, dont chacun exercera ses fonctions dans une des régions à déterminer selon les prescriptions de l'art. 859 ;

2° Par un nombre d'inspecteurs généraux coloniaux égal à celui des colonies ;

3° Par des inspecteurs départementaux dont le nombre, fixé par décret, sera de deux au moins par département ;

4° Par des inspecteurs coloniaux dont le nombre sera fixé par décret pour chaque colonie.

ART. 870

Les inspecteurs départementaux et coloniaux rendront compte aux inspecteurs généraux de leur région ou de leur colonie. Ces derniers rendront compte au ministre.

CHAPITRE IV

Fonctionnement des services

SECTION PREMIÈRE

Petite et grande culture. — Composition des lots. Formation de lots nouveaux. — Lots coloniaux. — Cultures en régie. — Petites propriétés non expropriées.

ART. 871

Les lots seront dits de petite culture quand ils seront établis en vue d'une exploitation individuelle faite par un chef de famille avec le concours des siens, et éventuellement le concours temporaire d'un ou plusieurs aides étrangers.

Ils seront dits de grande culture quand ils seront établis en vue d'une exploitation collective faite par une association constituée en conformité des art. 66 et suivants.

ART. 872

Les instructions adressées aux commissions communales, conformément à l'art. 58, recommanderont la formation de lots de petite culture dans les cas où, par suite du relief du sol, de sa nature, du genre de culture auquel il est destiné, du peu de développement de l'esprit d'association dans la région, la culture individuelle paraîtra seule possible.

Elles recommanderont la formation de lots de grande culture lorsque ce mode présentera des avantages au point de vue économique et s'il est accepté sans résistance par les intéressés.

Plusieurs lots de petite culture pourront, par la suite, être réunis en un lot de grande culture, soit sur la demande de leurs titulaires, soit lorsqu'ils deviendront vacants. Les demandes de réunion de plusieurs lots individuels en un lot collectif seront adressées au directeur communal qui les transmettra au directeur départemental avec son avis et celui du Conseil municipal. Le Conseil départemental donnera son avis et le directeur départemental statuera.

Deux possesseurs de lots individuels pourront toujours faire échange définitif de leurs lots par simple déclaration écrite et signée au directeur communal qui fera mention de l'échange sur le registre matricule des lots.

Il pourra, en outre, être fait, à la convenance des possesseurs de lots, des échanges de jouissance d'une partie de leur lot. Ces conventions dont aucune sanction ne garantira l'exécution, pourront être annulées chaque année après la levée de la récolte principale, par la volonté d'une des parties. Déclaration sera faite de leur conclusion et de leur rupture au directeur communal.

Art. 873

Les lots de petite et de grande culture seront établis en vue d'assurer à tout cultivateur isolé ou associé un produit net et moyen annuel supérieur d'un cinquième au salaire d'un journalier agricole de première classe, conformément à l'art. 158.

Tous les lots de petite culture auront donc un rendement équivalent ; les lots de grande culture auront un rendement égal à celui d'un lot de petite culture multiplié par le nombre des associés et augmenté d'un cinquième de part d'associé pour assurer une rémunération supplémentaire au chef de l'association.

Art. 874

Le prix des divers produits agricoles achetés par la Nation aux producteurs étant fixé par le budget annuel de la production, sur les bases indiquées à l'art. 158, la superficie à donner à chaque lot variera selon la nature de la culture et la qualité du terrain. Elle sera déterminée de la façon suivante :

La Commission communale connaissant la quantité de chaque produit que donne, en année moyenne et en bonne culture, l'unité superficielle du lot projeté, détermine le rendement brut annuel. Elle en défalque les frais de culture et fait entrer dans le lot le nombre d'unités superficielles nécessaire pour que le rendement net atteigne le montant fixé par l'art. 158.

Art. 875

Tous possesseurs de lots de petite et de grande culture auront droit, gratuitement, à un certain nombre de journées de travail, qui variera selon la nature des cultures et la qualité du sol. Ce nombre sera fixé par la Commission communale au moment de la composition de chaque lot.

Ceux des possesseurs de lots qui n'auront pas recours à cette main-d'œuvre supplémentaire, ou n'y auront recours que partiellement, recevront en espèces le montant des journées qu'ils n'auront pas employées.

Dans le calcul de la main-d'œuvre supplémentaire nécessaire aux lots de grande culture, les commissions communales ne tiendront pas compte de la supériorité que leur assurera, sur les lots de petite culture, l'emploi d'un outillage mécanique plus perfectionné. L'avantage ainsi acquis aux associations agricoles constituera une prime en faveur de la grande culture, en vue de la généraliser partout où elle est possible.

ART. 876

Tous les terrains en friche au moment de la promulgation de la présente loi, et qui, par la suite, pourront être mis en valeur, ainsi que ceux qui n'auraient pu entrer dans les lots formés et enfin ceux à provenir des propriétés non expropriées par application de l'art. 8, au fur et à mesure qu'elles rentreront dans le domaine national pour quelque cause que ce soit, seront allotis pour la petite ou la grande culture dans les conditions ci-après indiquées :

Jusqu'à la prise de possession des nouveaux possesseurs, ils seront cultivés en régie par les soins du directeur communal.

Des régies spéciales et perpétuelles seront créées, chaque fois que l'utilité en sera reconnue, pour les cultures des vignobles de grands vins et autres produits d'une valeur exceptionnelle, ainsi que pour la conservation et l'exploitation des forêts, lacs, étangs et cours d'eau.

ART. 877

Le directeur communal dressera un plan des lots qu'il croira à propos de former ; il y indiquera s'il y a lieu les bâtiments à créer, le matériel et le bétail nécessaire et adressera son projet au directeur départemental après avoir préalablement pris l'avis du Conseil municipal. Le directeur départemental soumettra pour consultation le projet, avec les modifications qu'il croira utiles, au Conseil départemental et statuera ensuite.

Les nouveaux lots créés seront attribués aux journaliers de première classe inscrits en tête du tableau d'avancement.

Art. 878

Dans toutes les colonies où les Français métropolitains pourront se livrer à la culture, tous les terrains vacants cultivables seront graduellement mis en valeur et allotis dans les conditions portées à l'article précédent. Les nouveaux lots seront attribués de préférence aux journaliers de première classe de la colonie ; à leur défaut aux journaliers de première classe métropolitains, inscrits au tableau d'avancement de leur commune et qui en feront la demande. Si le nombre des demandes est inférieur à celui des lots disponibles, le directeur agricole de la colonie en informera le ministre qui, après avoir pris l'avis du gouverneur de la colonie, décidera si les lots disponibles doivent être attribués soit à des indigènes soit à des étrangers.

Aucun lot ne sera attribué à des indigènes ou à des étrangers sans une décision spéciale du gouverneur de la colonie, le Conseil agricole colonial consulté. Les étrangers seront déchus de leurs droits si pendant les trois années de l'attribution de leur lot, ils n'ont pas résidé sur ce lot et demandé la nationalité française.

Art. 879

Les petites propriétés restées individuelles par application de l'art. 8 ne seront soumises à aucun impôt ni charge spéciale quelconque.

Les petits propriétaires individuels pourront se procurer dans les magasins nationaux les machines et instruments aratoires, le bétail, les semences, engrais, amendements et généralement tout ce dont ils auront besoin, et ce aux mêmes prix que les possesseurs de lots, mais à charge de les payer comptant.

Sur leur demande, le directeur communal mettra à leur disposition, dans les limites de la main-d'œuvre disponible, les journaliers agricoles dont le concours leur sera nécessaire, à charge par eux de consigner d'avance le montant des salaires de ces journaliers, pour le nombre de jours où ils en auront besoin.

Les conditions de vente de leurs produits sont réglées à l'art. 500. Ces ventes seront faites au comptant. Sauf la restriction portée à cet article, ils seront entièrement libres dans le choix de leurs cultures.

Section II

De la production.

Art. 880

Chaque année, aussitôt après le vote par la Chambre du budget de la production, le ministre y fera le relevé des quantités de chacun des produits agricoles qui y seront portées comme ayant été reconnues nécessaires aux besoins de la consommation, du commerce extérieur et des autres services.

Il fera, entre tous les départements et toutes les colonies, la répartition de la production de chacun de ces produits, en se basant sur les quantités fournies les années précédentes et en s'en écartant le moins possible. Il enverra à chaque directeur départemental ou colonial le contingent afférent à sa circonscription.

Les directeurs départementaux feront sur les mêmes bases la répartion entre toutes les communes ; les directeurs coloniaux la feront entre les diverses communes ou les régions administratives en tenant lieu. Chaque directeur communal ou directeur local colonial sera informé du montant du contingent afférent à sa circonscription.

Art. 881

Les directeurs communaux et directeurs coloniaux ne pourront imposer, ni aux possesseurs de lots de petite et de grande culture, ni aux petits propriétaires individuels, une culture qu'ils se refuseraient à faire. Ils se borneront à conseiller d'étendre celles dont la production doit être augmentée et de restreindre celles dont la production doit être diminuée. S'ils n'obtiennent pas du bon vouloir des cultivateurs que leurs avis soient pris en considération, ils s'efforceront d'atteindre le résultat visé au moyen de leurs cultures en régie.

Art. 882

Dans le cas où, par suite du mauvais vouloir persistant d'une fraction notable des cultivateurs, il y aurait excès de production ou déficit sur certains articles, la Chambre, sur la proposition du ministre, pourra abaisser le prix d'achat des produits surabondants ou élever celui des produits insuffisants —

sans préjudice de l'application aux petits propriétaires non expropriés des dispositions du paragraphe 2 de l'art. 500.

Art. 883

Pour les cultures arbustives, la Chambre pourra ordonner la destruction ou la plantation d'une quantité déterminée d'hectares des végétaux dont les produits sont supérieurs ou inférieurs aux besoins. La répartition des surfaces à arracher ou à complanter sera faite entre les départements et les colonies par le ministre, après avis du Conseil supérieur ; elle sera faite entre les communes par les directeurs départementaux et coloniaux.

Autant que possible les plantations seront faites sur les terrains en régie ; elles pourront l'être également chez les cultivateurs qui y consentiront, soit à leurs frais, soit avec le concours de la Nation, sous forme de fournitures de plants, d'allocations de journées supplémentaires gratuites et d'indemnités pour le temps pendant lequel le terrain restera improductif.

Des circulaires ministérielles, soumises à l'avis préalable du Conseil supérieur, fixeront s'il y a lieu l'importance et la nature du concours à fournir par la Nation. L'application de leurs prescriptions sera faite par les directeurs départementaux ou coloniaux sur avis de leurs comités consultatifs.

La répartition des surfaces à arracher ne sera pas proportionnelle à la contenance de chaque lot. Elles pourront porter entièrement sur certaines catégories de terrains désignés par circulaires, conformément au paragraphe précédent. Dans la catégorie de terrain désignée, le directeur communal ou local colonial fera d'abord appel à la bonne volonté de chaque cultivateur en offrant, soit une extension du lot, soit une indemnité en espèces ou en journées supplémentaires. Si le résultat visé n'est qu'imparfaitement atteint par ce moyen, les arrachements se feront sur les lots qui deviendront vacants au fur et à mesure des vacances, sauf à les agrandir pour leur donner un nouveau titulaire si la nouvelle culture à laquelle ils seront propres est moins rémunératrice.

Section III

Des cultures.

Art. 884

Tout cultivateur individuel ou association agricole aura droit chaque année, en outre du concours mis à sa disposition sous forme de journées de travail gratuitement fournies, à des avances remboursables, en espèces et en nature, qui ne pourront excéder les cinq sixièmes de la valeur de sa récolte moyenne.

Les avances en nature comprendront les bestiaux, harnais, véhicules, outils, intruments aratoires, matériel, semences, plants, engrais et amendements, ainsi que l'usage temporaire de machines agricoles affectées à plusieurs exploitations.

Les avances en argent serviront à la nourriture et à l'entretien du cultivateur, ainsi qu'à l'entretien et aux soins de son bétail et aux réparations de son matériel.

Art. 885

Le montant des avances à faire aux cultivateurs, et dont le maximum est fixé à l'article précédent, variera selon les frais de culture incombant à chaque lot.

Il sera déterminé une fois pour toutes par le directeur communal. Si l'intéressé estime insuffisant le chiffre des avances qui lui est consenti, il pourra adresser une réclamation au directeur départemental ; ce dernier statuera après avis du Conseil départemental.

Si la valeur de la récolte ne suffit pas pour couvrir le montant des avances faites, la différence viendra en déduction des avances à faire l'année suivante.

Art. 886

Le cultivateur déterminera lui-même chaque année sur le total du crédit à lui accordé, la part qu'il désire recevoir en espèces et qui ne pourra, cependant, excéder les deux tiers de son crédit.

Les avances en espèces lui seront faites par trimestre et d'avance, ou plus lentement s'il le préfère.

Art. 887

Tout cultivateur individuel ou chef d'association recevra du directeur communal un carnet de crédit sur lequel seront inscrites, d'une part, les avances de toute nature auxquelles il aura droit, d'autre part, celles qui lui auront été effectivement consenties.

Deux comptes différents y seront ouverts chaque année : celui des avances non remboursables, comprenant les journées de travail fournies gratuitement, et celui des avances remboursables comprenant toutes les autres avances.

Le premier sera crédité de la valeur des journées accordées ; il sera débité des journées effectivement faites. S'il présente en fin d'année un solde créditeur, il sera reporté au crédit du compte des avances remboursables.

Ce dernier sera débité des avances en nature et en espèces et crédité de la valeur des récoltes réalisées. S'il présente en fin d'année un solde débiteur, il sera reporté au débit de l'année suivante. S'il présente un solde créditeur, le montant en sera versé en espèces au titulaire à première réquisition.

Art. 888

Dans les cas où les produits récoltés ne seront pas livrés immédiatement aux magasins nationaux, et où il paraîtra préférable de les laisser pendant un temps plus ou moins long à la garde du producteur, le directeur communal en dressera un inventaire en deux exemplaires, signés de lui et du producteur, et créditera le compte de ce dernier comme si la livraison avait été faite.

Art. 889

Chaque année, à des époques qui seront déterminées par des règlements spéciaux, les cultivateurs individuels et chefs d'association remettront à leur directeur communal un état des bestiaux, harnais, véhicules, outils, instruments aratoires, matériel, semences, plants, engrais et amendements dont ils auront besoin pour leurs cultures de l'année.

Le directeur communal pourra opérer des diminutions sur les objets et produits demandés s'ils dépassent le crédit en nature ; mais les intéressés pourront obtenir la totalité en payant le surplus au comptant.

Art. 890

Les petits propriétaires non expropriés pourront faire la même demande au directeur communal. Mais les objets et produits qui y seront compris seront payés par eux contre livraison.

Art. 891

Le directeur communal aura le devoir de conseiller les cultivateurs sur le matériel, les semences et engrais à employer comme sur toutes les questions relatives aux cultures; il ne pourra en aucun cas les obliger à se conformer à ses avis.

ART. 892

Le directeur communal centralisera les demandes qu'il aura reçues, y joindra celles concernant ses cultures en régie et les réserves qu'il croira devoir constituer pour un emploi urgent en cours d'exercice, et transmettra le tout aux services producteurs.

Les demandes de bétail seront transmises au directeur départemental ainsi qu'il est dit plus loin à l'art. 924.

Les services producteurs adresseront directement à chaque directeur communal les fournitures qu'il aura demandées. Le directeur communal en fera remise aux cultivateurs dans les conditions indiquées aux articles qui précèdent.

ART. 893

Indépendamment du matériel affecté en particulier à chaque lot de petite ou de grande culture, le directeur communal aura à sa disposition un certain nombre de machines plus importantes, dont l'emploi sera facultatif pour les cultivateurs. Les conditions auxquelles l'usage leur en sera accordé seront déterminées par des règlements. Ceux qui voudront s'en servir en feront la demande au directeur en indiquant la date et la durée de leur emploi. Les demandes seront inscrites par le directeur sur un registre spécial au fur et à mesure de leur réception. La priorité pour une même date sera accordée aux demandes les plus anciennes.

ART. 894

Les possesseurs de lots seront tenus d'entretenir en suffisante quantité et en bon état les bestiaux et instruments agricoles nécessaires à leur exploitation ; faute par eux de le faire, ils seront, trois mois après un avertissement demeuré sans effet, signalés par le directeur communal au directeur départemental et encourront la pénalité portée au paragraphe 2 de l'article 831.

ART. 895

Un inventaire du matériel et des bestiaux sera dressé, lors de la prise de possession d'un lot cultural, par le directeur communal et le nouveau titulaire ; en cas de désaccord sur une estimation, on recourra à un arbitre nommé par le Conseil municipal et qui statuera en dernier ressort.

Un inventaire sera fait, dans les mêmes formes, à la sortie de tout cultivateur individuel pour admission à la retraite ou pour toute autre cause.

Si le prix d'estimation à la sortie est supérieur à celui de l'entrée, la différence sera versée en espèces à l'intéressé. S'il est inférieur, la différence sera à la charge du cultivateur sortant. S'il ne peut la payer comptant, elle lui sera retenue mensuellement, soit sur sa pension de retraite, soit sur son salaire, par fractions égales au quart du salaire ou de la pension.

ART. 896

L'article précédent sera applicable aux associations de grande culture. L'inventaire sera fait à la constitution et à la dissolution de ces associations. Tout membre qui se retirera de l'association, sans y être contraint par une mesure disciplinaire, après en avoir fait partie pendant trois ans au moins, pourra demander un inventaire et touchera sa part de la plus-value s'il en existe. S'il y a moins-value, il en paiera sa part comme il est dit à l'art. 895.

ART. 897

Tout cultivateur individuel ou association qui voudra entreprendre sur son lot des travaux d'amélioration foncière exceptionnels pourra obtenir le concours de la Nation en matériaux et journées de travail. Il adressera sa demande au directeur communal qui la transmettra, avec ses conclusions et l'avis du Conseil municipal, au directeur départemental. Ce dernier statuera après avoir consulté le Conseil départemental ; s'il approuve les travaux projetés et s'il existe des disponibilités en main-d'œuvre et matériaux, les travaux seront immédiatement exécutés ; sinon ils seront compris dans les travaux extraordinaires proposés pour le prochain budget.

ART. 898

Les réparations des bâtiments d'habitation et d'exploitation nationalisés sont à la charge de la Nation.

Les directeurs communaux les demanderont, soit d'office, soit sur la réclamation des intéressés, s'ils la reconnaissent fondée, au service local des bâtiments qui les exécuteront, sur leur réquisition, aussitôt que possible.

Pour les constructions neuves, les directeurs communaux procéderont conformément au paragraphe 3 de l'art. 195.

ART. 899

Aucun loyer ni fermage ne sera dû par les cultivateurs individuels ou associés.

ART. 900

Les secours sociaux conférés aux enfants et aux femmes par les art. 149, 234 et 236 seront basés uniformément, pour les possesseurs de lots de petite et de grande culture, quels que soient leurs bénéfices réels, sur un salaire d'un cinquième supérieur à celui des journaliers de première classe.

Les femmes et enfants des petits propriétaires non expropriés, vivant avec leur époux et père, auront droit seulement à des secours basés sur le salaire des journaliers de troisième classe.

Art. 901

Il sera institué chaque année, dans les conditions déterminées par des règlements, des concours agricoles cantonaux, à la suite desquels des primes seront attribuées aux possesseurs de lots qui auront fait la meilleure culture, au nombre d'un dixième du nombre total des cultivateurs de chaque canton.

Les primes seront échelonnées, la plus forte atteignant la moitié du salaire annuel d'un journalier de première classe, la plus faible étant du vingtième de ce même salaire. Les primes attribuées aux associations de grande culture seront multipliés par le nombre d'associés des lots primés.

A titre de supplément de récompense, le titulaire d'un lot ayant obtenu la première prime aura le droit d'échanger ce lot contre un des lots quelconques qui deviendraient vacants dans le canton ; son option aura la priorité sur les droits de tous autres candidats.

Les petits propriétaires non expropriés ne participeront pas à ces concours.

Art. 902

Toute perte par incendie, chute de la foudre, épizootie, vol, abattage d'une ou plusieurs têtes de bétail par mesure sanitaire, ou autre cause exceptionnelle qui pourrait atteindre le cultivateur dans ses bestiaux, son matériel, son mobilier ou ses récoltes, sera immédiatement déclarée au directeur communal qui en fera l'estimation avec l'intéressé et au besoin un expert désigné par le Conseil municipal. La victime de l'accident sera immédiatement et intégralement indemnisée.

Aucune indemnité ne sera accordée dans les cas prévus par l'art. 512 paragraphe 2. Cependant, si la perte atteint au moins le quart de la valeur de la récolte totale moyenne, d'après l'estimation qui sera faite conformément au paragraphe précédent, il sera fait à l'intéressé une avance supplémentaire égale à sa perte.

Cette avance, qui figurera à un compte spécial, ne sera remboursable qu'au bout de cinq ans, et seulement dans le cas où la moyenne de cinq récoltes, y compris la récolte partiellement détruite, serait au moins égale à la moyenne prévue pour le lot éprouvé. Elle ne sera pas remboursée si la moyenne des cinq récoltes est inférieure à la moyenne prévue d'au moins le montant de l'indemnité. Si la moyenne des cinq années est inférieure à la moyenne prévue d'une somme moindre que l'indemnité, cette somme seule sera remboursée.

Section IV

Vente des produits.

Art. 903

Les cultivateurs disposeront librement de leurs produits soit pour leur usage personnel, soit pour la vente à des particuliers, en France et à l'étranger, sauf les restrictions nécessitées par l'hygiène et la sécurité publiques.

Cependant, ceux qui auront reçu des avances de la Nation ne pourront vendre qu'à elle les produits sur la valeur desquels a été basé le crédit qui leur a été ouvert.

Art. 904

La Nation achètera obligatoirement à tous les cultivateurs, aux prix fixés par le budget de la production, ceux de leurs produits qu'ils voudront lui vendre, à la seule condition qu'ils soient sains et exempts de toute avarie.

Certains produits, ayant subi des altérations déterminées, permettant leur utilisation pour des usages spéciaux, seront néanmoins achetés obligatoirement dans des conditions fixées par les règlements.

Les produits qui seront l'objet de détériorations non prévues par les règlements seront achetés facultativement si le directeur communal et celui de l'entrepôt ou de l'usine qui doit les recevoir les jugent utilisables, et à des conditions qu'ils fixeront de gré à gré avec le vendeur. En cas de désaccord entre eux, le prix le plus bas sera offert.

Ceux qui présenteront du danger pour la santé publique seront immédiatement détruits sur l'ordre du directeur communal, après avis du service local de l'hygiène. Leurs possesseurs, si la détérioration ne provient pas de leur faute, seront indemnisés.

Art. 905

Indépendamment des prix réduits spéciaux qui seront offerts pour les produits altérés, le budget de la production prévoira pour chaque sorte de produits sains trois prix différents, correspondant à trois qualités.

La détermination de la qualité d'un produit sera faite par le vendeur et le directeur communal. S'ils ne peuvent se mettre d'accord, ils prendront comme arbitre un délégué du Conseil municipal. Dans le cas où le directeur communal trouverait l'évaluation de l'arbitre exagérée, il ajournera l'achat et signalera le fait au directeur départemental en envoyant échantillon du produit litigieux. Le directeur départemental, s'il juge la protestation justifiée, en saisira une commission d'expertise de trois membres nommée chaque année par le Conseil départemental, laquelle statuera en dernier ressort.

Si le directeur communal a accepté le classement d'un produit dans une catégorie jugée supérieure à sa valeur réelle par le directeur de l'entrepôt, du magasin ou de l'usine qui devra le recevoir, ce dernier saisira du fait l'inspecteur du contrôle qui provoquera un examen de la commission d'expertise nommée par le Conseil départemental. S'il y a réellement eu faute du directeur communal, il sera, selon les cas, l'objet d'une réprimande ou d'une mesure disciplinaire plus grave, sans préjudice de l'application, s'il y a lieu, des pénalités édictées par les art. 764, 765, 768 et 769.

Art. 906

Les prix des produits dont la valeur est exactement proportionnelle à la quantité d'une substance qu'ils contiennent est basé sur celui de l'unité de cette substance ; il est déterminé au moyen d'analyses faites dans des conditions indiquées par un règlement. En cas de désaccord sur les résultats de l'analyse, il sera procédé conformément au paragraphe 2 de l'art. 905.

Art. 907

Si, indépendamment de la richesse en telle ou telle substance, la valeur d'un produit dépend de son degré de finesse ou d'autres circonstances échappant à une détermination mathémathique, il sera établi des échelles de prix tenant compte d'un élément variable, basé sur la richesse en principes essentiels, et d'un élément fixe basé sur la qualité résultant du terroir, du plant et autres circonstances susceptibles d'être déterminées une fois pour toutes. Quant aux différences de qualité pouvant provenir des influences climatériques de l'année, il n'en sera pas fait état.

Art. 908

Les commissions chargées de composer les lots feront un classement provisoire des facteurs fixes entrant dans la détermination de la valeur, d'après les indications d'instructions ministérielles que leur feront parvenir les directeurs agricoles.

Ce travail sera sujet à une révision dans les conditions ci-après :

Dans l'année qui suivra l'attribution originaire des lots, les titulaires de lots, les conseils municipaux, les directeurs agricoles et les inspecteurs du contrôle pourront demander qu'il soit apporté des modifications au classement provisoire. Les demandes seront adressées au directeur départemental.

Dans la session qui précèdera l'expiration de cette année, le Conseil départemental nommera une commission de quinze membres au moins et de trente membres au plus, pris dans son sein, pour examiner les demandes introduites. Un inspecteur du contrôle en fera partie avec voix consultative pour assurer l'uniformité du tarif dans toute la France.

La commission se fractionnera en sous-commissions de trois membres qui iront étudier chaque question sur place et présenteront un rapport sur lequel statuera l'assemblée plénière des commissaires après avoir entendu l'inspecteur du contrôle.

Ce dernier pourra faire appel de la décision de la commission, dans les trois mois où elle aura été rendue, s'il estime, ou si l'inspecteur général de sa circonscription, ou le ministre lui-même, estiment qu'elle crée une inégalité de prix entre produits d'égale valeur de différents départements. Le conseil supérieur statuera en dernier ressort.

Art. 909

Il pourra être porté au budget de la production des prix moins élevés pour certains produits coloniaux que pour leurs similaires de la métropole. Sauf cette réserve les dispositions de la présente section s'appliqueront à la culture coloniale.

Art. 910

La Nation n'achètera que les produits bruts tels qu'ils ont été récoltés, sans avoir subi aucune transformation.

Section V

Livraison et circulation des produits. Entrepôts de réserve.

Art. 911

Les cultivateurs qui vendront à la Nation tout ou partie de leurs produits les livreront au magasin ou entrepôt communal, soit immédiatement, pour les produits qui doivent être transformés au moment de la récolte, soit aux dates qui leur seront indiquées par le directeur communal.

ART. 912

Le directeur communal, sur les indications qui lui seront fournies par le directeur du magasin communal, relativement à l'importance de la consommation annuelle de chaque produit dans la commune, retiendra les quantités nécessaires à cette consommation et mettra le surplus à la disposition du directeur départemental.

Les produits dont la transformation ne serait pas effectuée sur place ne seront pas retenus.

ART. 913

A la suite d'une entente entre les ministères de l'agriculture, du commerce, de l'industrie et autres ministères intéressés, on déterminera une fois pour toutes, et sauf modifications partielles quand elles deviendront nécessaires, les usines, magasins et entrepôts vers lesquels seront dirigés, par les soins du directeur communal, les divers produits de chaque commune, de façon à réduire au minimum le transport du lieu de production au lieu de transformation et du lieu de transformation au lieu de consommation.

ART. 914

Il sera établi, dans les centres de production ou de consommation déterminés par les règlements des entrepôts qui recevront l'excédant de la production agricole sur la consommation et l'exportation, les années de surabondance, et le conserveront en réserve pour parer aux insuffisances des années déficitaires. Ces entrepôts seront administrés par le service du commerce.

Section VI

Sélection des semences. Améliorations des races d'animaux domestiques.

Art. 915

Une sélection méthodique et constante des semences sera faite dans toutes les fermes-écoles et sur les terrains cultivés en régie par les directeurs communaux.

Les semences de choix ainsi obtenues seront mises à la disposition des cultivateurs de la région au prix à eux payé par les magasins nationaux pour des grains de première qualité.

A ceux des cultivateurs qui, sur les conseils du directeur communal, voudront se livrer également à la sélection des semences, les semences de choix qu'ils livreront aux magasins seront payées un dixième de plus que les grains de première qualité.

Des échantillons de semences sélectionnées seront envoyés par le directeur communal au directeur départemental qui, s'il les juge de qualité médiocre et en a de meilleures à sa disposition, pourra en envoyer pour les remplacer.

Les variétés étrangères signalées comme d'un grand rendement seront envoyées par le ministre dans tous les départements pour y être expérimentées dans les fermes-écoles et propagées si le résultat est satisfaisant.

Quand les bonnes semences seront en quantité insuffisante pour toutes les demandes, il n'en sera pas livré aux petits propriétaires non expropriés. S'il n'en existe pas assez pour les possesseurs de lots, chacun en recevra une quantité moindre et si même on ne peut en donner à tous une quantité assez forte pour pouvoir être semée, on les repartira par voie de tirage au sort, les non favorisés devant en recevoir l'année suivante.

Art. 916

Des stations de reproducteurs des meilleures races seront créées dans toutes les communes où elles seront reconnues nécessaires ; l'usage en sera gratuit pour tous les cultivateurs sans exception.

Section VII

Amélioration du sol. — Hydraulique agricole. — Irrigations. — Assèchements. — Drainages. — Reboisements. — Défrichements, etc.

Art. 917

Des ingénieurs hydrauliciens, placés sous les ordres des directeurs départementaux, étudieront tous les grands travaux à exécuter afin d'employer pour l'irrigation toutes les eaux utilisables.

Lorsque ces travaux intéresseront une région comprenant plusieurs départements, les ingénieurs départementaux seront placés sous les ordres d'un ingénieur en chef du ministère.

Art. 918

Chaque projet présenté par le service de l'hydraulique agricole sera soumis au service des forces qui pourra proposer des modifications s'il juge qu'une partie des eaux doit être réservée pour la production de la force motrice.

En cas de conflit entre les deux services, la question sera tranchée par le Conseil général si le projet n'intéresse qu'un département, par la Chambre s'il en intéresse plusieurs. En cas d'accord, ou après la solution du conflit, le projet sera compris dans le programme des travaux extraordinaires, pour être exécuté à son rang d'urgence.

ART. 919

Le service de l'hydraulique agricole fera exécuter les projets qu'il aura présentés. Il se bornera à établir les grands canaux d'arrosage.

Les directeurs agricoles des communes traversées dresseront en même temps un projet de répartition de ces eaux et le soumettront au Conseil municipal, pour être exécuté selon les prescriptions des articles 203 et suivants.

ART. 920

Les directeurs communaux étudieront tous les petits travaux d'irrigation d'intérêt communal : utilisation des eaux de sources, ruisseaux et drainages, retenue des eaux pluviales par fossés et petits barrages, etc. Ils les feront exécuter de leur propre initiative s'ils ont des disponibilités de main-d'œuvre ; dans le cas contraire ils les présenteront au Conseil municipal comme il est dit à l'article précédent.

ART. 921

Les directeurs communaux étudieront et feront exécuter dans les mêmes conditions les travaux d'assèchements, drainages, défrichements, défense des berges contre les ravages des cours d'eau, lutte par plantations, fossés, barrages, gazonnement, etc., contre les érosions causées par les eaux torrentielles, création et entretien des chemins ruraux non compris dans les réseaux vicinaux, en un mot tous les travaux d'amélioration qu'ils jugeront utiles.

Ils présenteront des projets de reboisement au directeur départemental qui, après avis du Conseil départemental et du service forestier, les approuvera ou les rejettera. Dans le premier cas le service forestier sera chargé de leur exécution.

Les directeurs communaux établiront sur les terrains qu'ils cultivent en régie des pépinières d'arbres fruitiers ; ils remettront gratuitement les plants aux cultivateurs qui en feront la demande et s'en serviront eux-mêmes pour leurs propres plantations.

Section VIII

Engrais. — Amendements. — Matériel agricole. Bétail.

Art. 922

Les engrais et amendements et le matériel agricole seront livrés à l'agriculture par le ministère de l'industrie. Les quantités à fournir annuellement seront déterminées conformément aux art. 195 et 202.

Le commande générale sera donnée chaque année par le ministre de l'agriculture au ministre de l'industrie aussitôt après le vote du budget de la production. Elle sera aussitôt répartie par le ministre de l'industrie entre les différentes usines qui l'exécuteront dans le courant de l'année.

Art. 923

Les commandes des cultivateurs seront centralisées par les directeurs communaux conformément aux art. 889 et 892 et transmises par eux aux usines qui leur auront été désignées par instructions ministérielles.

Outre la commande principale annuelle, des commandes supplémentaires pourront être faites à des époques de l'année fixées par les règlements, ou même, en cas d'urgence à toutes les époques.

Les expéditions et livraisons seront faites aux intéressés conformément à l'art. 892.

ART. 924

Les directeurs communaux s'efforceront d'obtenir des cultivateurs, dans la mesure du possible, qu'ils produisent la quantité de bétail qui leur est nécessaire et le contingent que doit fournir la commune à la consommation générale.

Dans les communes où l'élevage donnerait des produits en quantité supérieure aux besoins, les directeurs communaux feront connaître l'excédent dont ils disposent au directeur départemental.

Dans les communes où l'élevage ne donnerait que des résultats insuffisants, les directeurs communaux demanderont ce qui leur manque au directeur départemental ainsi qu'il est dit à l'art. 892.

Le directeur départemental répartira la quantité de bétail dont il disposera entre les différentes communes de sa circonscription. Si, dans l'ensemble, son département est en déficit, il s'adressera au ministre qui lui fera livrer ce qui lui manque par des départements plus favorisés aussi rapprochés que possible.

SECTION IX

Enseignement agricole. — Etudes et recherches.

ART. 925

Conformément aux art. 830, 853, et 854, il sera établi une école primaire agricole ou ferme-école dans chaque canton où il n'en existe pas, et une école secondaire pour chacune des vingt régions métropolitaines à déterminer en exécution de l'art. 859 où il n'en existe pas. L'enseignement supérieur sera donné à l'Institut national agronomique existant à Paris, auquel sera adjoint un Institut colonial.

Aux colonies il sera créé des écoles primaires dans les communes, ou circonscriptions territoriales correspondantes, où il n'en existe pas, et une école secondaire dans chaque colonie.

Les écoles spéciales existant au moment de la promulgation de la présente loi seront maintenues.

Art. 926

L'admission dans les écoles primaires cantonales aura lieu à la suite d'un concours annuel entre ceux des élèves des écoles primaires qui se destineront à l'agriculture et à la fin de leurs études.

L'admission dans les écoles secondaires régionales aura lieu à la suite d'un concours annuel entre :

1° Ceux des élèves des écoles secondaires et des écoles primaires supérieures qui se destineront à l'agriculture ;

2° Ceux des élèves des fermes-écoles qui, ayant achevé leurs études primaires agricoles, voudront aborder l'enseignement secondaire.

L'admission à l'Institut national agronomique aura lieu à la suite d'un concours annuel entre les diplômés d'enseignement secondaire qui voudront y prendre part, lorsqu'ils n'auront pas dépassé le maximum d'âge fixé par le règlement.

Un décret fixera les conditions de recrutement des professeurs des écoles de tous les degrés.

Art. 927

L'enseignement professionnel agricole à tous ses

degrés sera à la fois théorique et pratique. Chaque établissement disposera d'une superficie de terrain assez étendue pour servir à la fois aux leçons de culture pratique et à l'expérimentation des cultures nouvelles, des procédés et des instruments nouveaux. Chaque établissement aura, en outre, un laboratoire de chimie agricole, une bibliothèque et un musée.

ART. 928

Un service spécial d'études et de recherches sera créé à l'étranger. Des délégués permanents du ministre de l'agriculture seront chargés de signaler tous les progrès qui s'accompliront dans la région qui leur sera assignée : machines nouvelles, procédés nouveaux, introductions de plantes nouvelles, sélections végétales et animales, essais poursuivis, en un mot, tout ce que l'agriculture française peut avoir intérêt à connaître et à imiter.

ART. 929

Le ministre prescrira, dans les écoles des divers degrés où il le jugera à propos, l'expérimentation de toutes les idées intéressantes, de toutes les nouveautés utiles qui lui seront signalées de France et de ses délégués à l'étranger. En cas de succès, il en recommandera l'application par circulaires aux directeurs agricoles.

Les directeurs et professeurs d'écoles des divers degrés, en outre des études dont ils seront chargés, devront étudier et rechercher constamment les améliorations qui pourraient être apportées dans la pratique agricole. Les directeurs communaux pourront se livrer aux mêmes recherches, soit sur les terres qu'ils cultiveront en régie, soit avec le concours volontaire des cultivateurs.

Leurs découvertes et inventions, dont l'utilité serait reconnue, feront l'objet de récompenses spéciales sans préjudice de l'avancement de carrière auxquels ils se créeront ainsi des titres exceptionnels.

ART. 930

Une publication périodique, servant de Bulletin officiel au ministre de l'agriculture, reproduira les plus intéressants des rapports des délégués à l'étranger et des agents du ministère en France et à l'étranger. Elle sera adressée gratuitement à tous les fonctionnaires et employés du ministère en France, aux colonies et à l'étranger, à tous les membres du Conseil supérieur et des Conseils départementaux, à tous les premiers lauréats des concours régionaux, à toutes les mairies et à tous les cultivateurs qui en feront la demande.

D'autres publications périodiques placées sous la direction des inspecteurs généraux et des directeurs d'écoles secondaires reproduiront les rapports, faits, études, recherches et conseils pratiques spéciaux à chaque région. Elles seront envoyées gratuitement à tous les journaliers agricoles, cultivateurs, employés et fonctionnaires agricoles de la région.

ART. 931

Les directeurs communaux feront le plus souvent possible aux journaliers et cultivateurs de leurs communes des conférences sur les meilleures méthodes agricoles et tous les faits pouvant perfectionner leur éducation agricole.

SECTION X

Régime des forêts, lacs, étangs, cours d'eau. Chasse et Pêche.

ART. 932

Toutes les forêts, ayant au moins un hectare de superficie, tous les lacs et étangs, tous les cours d'eau naturels ou artificiels même non navigables ni flottables seront propriété nationale de plein droit conformément à l'art. 502, sans que leurs propriétaires au moment de la promulgation de la présente loi, puissent exciper pour ce qui les concerne du droit résultant de l'art. 8.

Néanmoins, les petits propriétaires exerçant ce droit, qui possèderaient plus d'un hectare de forêt pourront, en formulant leur demande de non expropriation, en demander l'échange contre des terres cultivables d'égale valeur. Les commissions de lotissement statueront sur cette demande au moment de la formation des lots. Si un accord n'intervient pas entre le propriétaire et la commission, cette dernière fixera le montant de l'indemnité à allouer.

Art. 933

La conservation, le repeuplement, l'exploitation des forêts, lacs, étangs et cours d'eau feront l'objet d'une régie spéciale, sous la direction du directeur départemental.

Le directeur départemental aura sous ses ordres un régisseur particulier pour chaque forêt, s'étendant sur le territoire de plusieurs communes, ou pour chaque commune comprenant, en plusieurs tènements, un minimum de surface forestière fixé par décret, ou pour chaque réunion de plusieurs communes atteignant ce minimum.

La régie des lacs, étangs et cours d'eau sera confiée aux directeurs agricoles communaux.

Art. 934

Tous droits d'usage pouvant exister avant la promulgation de la présente loi dans les bois et forêts de l'État, ou dans ceux devenus par la promulgation de la présente loi propriété nationale, seront supprimés sans indemnité.

Des autorisations d'usage pourront être accordées par des règlements nouveaux mais à titre de tolérance et, par conséquent, toujours révocables.

Art. 935

La chasse et la pêche seront libres, sauf les restrictions qui seront apportées par les règlements dans l'intérêt de la conservation du gibier et du poisson, et sauf les droits des petits propriétaires non expropriés.

Art. 936

En aucun cas les produits des forêts, ainsi que ceux des grandes pêches et des destructions en masse d'animaux nuisibles faites par les ordres des directeurs communaux, ne seront livrés à des particuliers, soit de gré à gré, soit par voie d'adjudication. Ceux des dits produits destinés à la consommation seront remis au service du commerce ; les autres aux services publics à qui ils seront attribués par le budget de la production.

TITRE XVI
INDUSTRIE

CHAPITRE PREMIER
Organisation des services

Section première
Service central.

Art. 937

Les services du ministère de l'industrie sont répartis en dix directions dont les attributions sont fixées comme suit :

Métallurgie et mécanique,
Tissus et vêtements,
Produits alimentaires,
Produits chimiques,
Industrie du bois,
Industries diverses,
Etudes, recherches et enseignement industriel,
Personnel,
Comptabilité et statistique,
Cabinet du ministre.

ART. 938

Chacune des six premières directions assure le fonctionnement du groupe industriel dont elle est chargée, en France et aux colonies.

ART. 939

Les attributions des quatre autres directions sont les mêmes que celles fixées pour l'agriculture par les articles 844, 845, 846 et 848. L'article 849 est applicable au ministère de l'industrie.

SECTION II

Grande et petite industrie

ART. 940

La production industrielle proprement dite est assurée par de grands établissements répartis sur tout le territoire de la France et des colonies, en tenant compte, d'une part de la proximité des matières premières, du combustible, des forces mécaniques diverses, d'autre part des besoins régionaux de la consommation.

ART. 941

Ne sont pas considérés comme appartenant à l'industrie les petits établissements destinés à satisfaire aux besoins locaux : pose, réparations, entretien, soins à la personne et généralement toutes les petites productions à faire sur place avec un personnel restreint et un outillage principalement manuel. Ces petits établissements sont rattachés soit au service du commerce, soit aux autres services auxquels ils appartiennent le plus naturellement. La classification en est faite par décret.

Art. 942

A la tête de chaque usine est un directeur qui a sous ses ordres un chef comptable, un chef magasinier et autant d'ingénieurs que le comporte la fabrication. Chaque ingénieur a sous ses ordres un ou plusieurs contre-maîtres chargés de faire exécuter le travail par les ouvriers et journaliers.

Art. 943

Les contre-maîtres sont pris parmi les ouvriers de première classe investis de ce titre depuis deux ans au moins. Tout ouvrier de première classe remplissant cette condition et désireux d'obtenir son avancement remet sa demande à son ingénieur qui la transmet au directeur avec son avis. Le directeur établit un classement entre les diverses demandes qui lui sont parvenues ; ce classement est complété et peut être modifié à chaque demande nouvelle. Le tableau de classement, au fur et à mesure des additions et modifications, est adressé au ministre.

En même temps que le tableau de classement, le directeur adresse chaque demande au ministre avec l'avis de l'ingénieur et ses conclusions personnelles motivées, indiquant notamment si le demandeur lui paraît avoir des aptitudes de commandement.

Le ministre communique les dossiers au Conseil supérieur et il est procédé conformément à l'art. 828.

En cas de décès ou d'indisponibilité d'un contre-maître, le directeur pourvoit provisoirement à son remplacement.

Art. 944

Les ingénieurs sont pris parmi les contre-maîtres et parmi les élèves lauréats de l'enseignement supérieur industriel dans une proportion à fixer par décrets.

Les lauréats de l'enseignement supérieur industriel sont pourvus de droit d'un emploi d'ingénieur. Les contre-maîtres ne peuvent l'obtenir qu'après cinq ans au moins d'exercice de leur emploi. Ils adressent leur demande au directeur qui procède comme il est dit à l'article précédent.

Le dernier paragraphe de cet article est applicable aux ingénieurs.

Art. 945

Les directeurs sont pris parmi les ingénieurs ayant au moins cinq ans d'exercice de leur emploi.

Tout ingénieur remplissant cette condition et désireux d'obtenir son avancement adresse sa demande au ministre. Ce dernier prend l'avis du directeur et de l'inspecteur général et procède conformément à l'art. 828.

Pour être élevé aux fonctions de directeur, un ingénieur doit justifier, soit d'une invention, soit d'une amélioration des conditions du travail dans son service, ayant eu pour effet d'abaisser le prix de revient.

En cas de décès ou d'indisponibilité d'un directeur, le plus ancien ingénieur de l'établissement est investi de plein droit de la direction jusqu'à la nomination du titulaire nouveau.

Art. 946

Les chefs magasiniers ont rang de contre-maîtres et sont pris soit parmi les ouvriers de première classe investis de ce titre depuis deux ans au moins, soit parmi les contre-maîtres qui demanderaient à exercer cet emploi.

Ils sont nommés par le directeur.

Les chefs comptables sont pris parmi les comptables de première classe investis de ce titre depuis deux ans au moins. Ils sont nommés dans la même forme que les contre-maîtres; l'avis donné, pour les candidats à l'emploi de contre-maîtres, par l'ingénieur est donné, pour les candidats à l'emploi de chef comptable, par le chef comptable sous les ordres duquel ils sont placés.

Le dernier paragraphe de l'art. 943 est applicable aux chefs comptables.

Art. 947

Les directeurs d'usine correspondent directement avec le ministère de l'industrie.

Contrairement à l'indication portée au paragraphe 4 de l'art. 196, il n'existe pas de directeurs départementaux industriels.

Les usines coloniales sont placées sous le même régime que les usines départementales.

CHAPITRE II

Comités consultatifs

Section première

Conseil supérieur.

Art. 948

Le Conseil supérieur de l'Industrie est composé de six sections correspondant aux six premières directions du ministère dénommées à l'art. 937.

Chaque section se réunit séparément pour délibérer sur les questions qui la concernent particulièrement. Toutes les sections se réunissent en assemblée plénière pour examiner les questions d'intérêt général.

Art. 949

Chaque section est composée :

1° Du directeur au ministère, président ;

2° Des inspecteurs généraux, vice-présidents ;

3° Des directeurs d'usines appartenant à la section ;

4° D'un ingénieur par usine, désigné par ses collègues ;

5° D'un contre-maître par usine, désigné par ses collègues ;

6° D'un ouvrier de première classe par usine, désigné par ses collègues ;

7° Du chef comptable de chaque usine ;

8° Des directeurs d'établissements d'enseignement secondaire industriel appartenant à la section ;

9° De vingt directeurs d'écoles primaires industrielles appartenant à la section, désignés par leurs collègues ;

10° D'un professeur par chaque établissement d'enseignement secondaire désigné par ses collègues.

Art. 950

La désignation par leurs collègues des ingénieurs, contre-maîtres, ouvriers et professeurs devant siéger au Conseil supérieur a lieu un mois avant l'époque fixée pour la session générale annuelle du Conseil supérieur. Un scrutin est ouvert à chaque établissement sous la présidence du directeur assisté d'un ingénieur, d'un contre-maître et d'un ouvrier. L'élection a lieu à la majorité absolue des votants au premier tour ou à la majorité relative au deuxième tour.

La désignation des directeurs d'écoles primaires a lieu dans le même délai au scrutin de liste et par correspondance. Le scrutin est ouvert, clos et dépouillé au ministère. Un décret fixe les conditions de cette élection.

ART. 951

Les directeurs des quatre dernières directions du ministère dénommées à l'article 937, les directeurs et professeurs d'enseignement supérieur industriel peuvent assister aux réunions de toutes les sections ; ils assistent à l'assemblée plénière.

Le ministre préside l'assemblée plénière ; s'il en est empêché, l'assemblée désigne un vice-président.

ART. 952

Chaque année, à une époque fixée par décret, le Conseil supérieur, composé comme il est dit ci-dessus, se réunit en assemblée plénière solennelle.

Le ministre attire son attention sur les questions qui lui paraissent essentielles et urgentes.

Chaque membre peut déposer un ou plusieurs projets de résolution par écrit ; il n'est pas donné lecture des projets déposés.

L'assemblée se sépare ensuite et les sections se réunissent isolément.

Les membres de chaque section désignés à l'article 949 sous les numéros d'ordre 3, 4, 5, 6, 7, 8, 9 et 10 se réunissent d'abord à part dans des bureaux séparés pour chaque catégorie.

Chaque bureau nomme un président, deux assesseurs et un secrétaire ; puis il procède à l'élection de dix membres qui siègeront seuls aux assemblées ultérieures du Conseil, soit qu'il s'agisse de réunions de sections, soit qu'il s'agisse de réunions plénières.

L'assemblée plénière solennelle est ensuite dissoute et les sections se réunissent, à l'effectif réduit de dix membres par catégorie, pour examiner les vœux présentés et les questions à l'ordre du jour.

S'il y a lieu une réunion plénière à l'effectif réduit est tenue avant ou après les réunions des sections.

La date des sessions ultérieures est fixée par le Conseil supérieur lui-même dans sa première réunion plénière de chaque année.

Art. 953

Le Conseil supérieur de l'Industrie donne son avis sur toutes les questions qui lui sont soumises soit par le ministre, soit par la Chambre des députés, soit par le Conseil d'État, soit par un de ses membres.

Il concourt à la nomination aux fonctions d'inspecteurs généraux, de directeurs et professeurs des établissements d'enseignement supérieur et secondaire, de directeurs d'écoles industrielles primaires, de directeurs au ministère, de directeurs d'usines, d'ingénieurs, de contre-maîtres, de chefs comptables dans les conditions fixées par les art. 828, 943, 944 et 946.

Il fait fonction de Conseil de discipline pour ces mêmes fonctionnaires dans les conditions fixées à l'art. 831.

Art. 954

Le Conseil supérieur fixe lui-même par voie de règlement intérieur les questions qui doivent être examinées en réunions de sections et celles qui doivent être soumises aux assemblées plénières.

SECTION II

Conseils particuliers.

ART. 955

Il existe un Conseil particulier dans chaque établissement industriel.

Il est présidé par le directeur qui, en cas d'empêchement, est remplacé par le plus ancien ingénieur. Il est composé en outre :

Des ingénieurs,

Des contre-maîtres,

Du chef magasinier,

Du chef comptable,

Du directeur de l'école primaire annexée à l'établissement,

Du plus ancien ouvrier de première classe de chaque atelier dirigé par un contre-maître, et du plus ancien ouvrier magasinier de première classe,

Du plus ancien comptable,

Et du plus ancien des professeurs de l'école primaire.

ART. 956

Le Conseil particulier se réunit tous les mois au jour et à l'heure fixés par arrêtés ministériels.

ART. 957

Le Conseil particulier délibère sur toutes les questions qui lui sont soumises par le directeur ou par un de ses membres.

Il fait fonction de Conseil de discipline pour tout le personnel de l'établissement qui n'est pas justiciable du Conseil supérieur.

CHAPITRE III
Contrôle

Art. 958

La surveillance et le contrôle de tous les services du ministère de l'industrie sont assurés, conformément à l'art. 821, par des inspecteurs généraux répartis dans les différentes directions, en nombre fixé par décrets selon les besoins.

Les inspecteurs généraux sont pris parmi les directeurs d'usines ayant exercé cette fonction pendant cinq ans au moins et justifiant avoir introduit de sérieuses améliorations techniques ou organiques dans l'établissement qu'ils dirigeaient.

Ils sont nommés par le ministre auquel ils font leur rapports.

Les établissements placés sous leur inspection sont déterminés par décrets, régionalement.

Tous les trois ans chaque inspecteur général est chargé du contrôle d'une région différente.

Un ouvrier de première classe, élu par ses collègues dans chaque établissement signale à l'inspecteur général les mesures qu'il croit nécessaires dans l'intérêt de l'hygiène et de la sécurité des travailleurs.

CHAPITRE IV
Fonctionnement des services

Section première
Fabrication et livraison des produits.

Art. 959

Le ministère de l'Industrie ne reçoit ses matières premières que des autres services ; il leur livre ses produits ; il n'a aucun rapport avec les particuliers ; ses achats et ventes ne donnent lieu qu'à des passations d'écritures sans aucun mouvement d'espèces, conformément à l'art. 108.

Art. 960

Chaque année, après le vote par la Chambre du budget de la production, le ministre, assisté du Conseil supérieur, répartit la production entre les différentes usines. En même temps il ouvre à leurs directeurs, en matières premières et produits divers, le crédit nécessaire et leur indique à quels établissements ils doivent les demander. S'il y a lieu, il complète ou diminue leur personnel.

Art. 961

A partir de la promulgation de la présente loi, le ministre, sur l'avis du Conseil supérieur, décide quels types de machines-outils doivent être réformés graduellement, comme ne répondant plus aux besoins de la production moderne, et par quel outillage plus perfectionné elles doivent être remplacées.

La même mesure est prise chaque année à la suite du vote du budget de la production.

Art. 962

Toute invention nouvelle non encore expérimentée à l'étranger sera, avant d'être appliquée, mise en essai pendant un certain temps dans les différentes usines qui peuvent l'utiliser. Les résultats de ces essais seront consignés dans des rapports d'ingénieurs, accompagnés de l'avis des directeurs. Le Conseil supérieur, après examen de ces rapports donnera son opinion sur l'opportunité de faire entrer l'invention dans la pratique.

Si des inventions étrangères sont reconnues intéressantes par le Conseil supérieur, le ministre traitera avec leurs auteurs, s'il y a lieu, pour obtenir le droit de les appliquer en France.

ART. 963

Les commandes de matières premières sont données par les directeurs d'usines, aux établissements qui leur sont désignés par le ministre, dès réception des instructions de ce dernier. Chaque commande indique la quantité totale à livrer au cours de l'année, l'importance et la date de chaque livraison et le mode de transport à employer.

ART. 964

Les matières premières sont fournies au service de l'Industrie, soit par celui de l'Agriculture, soit par celui des Mines et carrières, soit par celui du Commerce extérieur, soit par une autre branche du service de l'Industrie lui-même. Le matériel est fourni par le service de l'Industrie tant à ses propres services qu'aux services extérieurs. Les bâtiments sont construits par le service des Bâtiments.

ART. 965.

Si, par suite d'une circonstance imprévue, le directeur d'une usine se trouve avoir besoin d'une quantité de matières premières supérieure à celle portée au budget de la production ; ou encore s'il a besoin de matériel et de bâtiments, et s'il y a un intérêt réel à ne pas attendre pour les faire livrer le vote du prochain budget de la production, il en adresse la demande au ministre qui la transmet au ministre compétent s'il lui donne son approbation. Il y est donné suite dans la mesure des possibilités.

ART. 966

Le service des Forces prépare les projets d'installations ayant pour but de recueillir, transformer et transporter les forces naturelles. Ils sont exécutés par le service des Bâtiments et Travaux publics qui met ensuite à la disposition du service de l'Industrie celles qui lui sont nécessaires. Le service de l'Industrie fabrique lui-même les moteurs artificiels dont il peut en outre avoir besoin.

ART. 967

Les produits fabriqués sont livrés aux différents services auxquels ils sont destinés aux dates et d'après les quantités fixées par le ministère de l'Industrie après entente avec les services intéressés. Si, à certaines époques, la production excède les livraisons à faire, le surplus est mis en magasin.

ART. 968

La durée de la journée de travail et le nombre des jours de repos étant fixés annuellement dans chaque profession par le budget de la production, il n'appartient en aucun cas aux directeurs d'usine de les modifier.

Si, d'après la marche de leur production, ils prévoient qu'à une époque prochaine ils auront besoin d'un nombre supplémentaire d'ouvriers, ou, au contraire, qu'ils en auront en excédant, ils en avisent le ministre, qui informé de toutes les demandes et de toutes les disponibilités de main-d'œuvre, équilibre les unes par les autres.

Lorsque, par suite des mesures prises par le ministre, un changement de domicile ou de profession devient nécessaire pour un certain nombre d'ouvriers, le directeur de l'usine fait d'abord appel à ceux qui acceptent volontairement ce changement. En cas d'insuffisance de leur nombre, il est procédé par voie de tirage au sort en présence du Conseil particulier. L'art. 137 devient applicable aux travailleurs désignés par le sort.

Le ministre de l'Industrie peut également mettre à la disposition des autres services le personnel qu'il a en excédant ou leur demander celui qui lui fait défaut.

Si, après toutes ces mesures prises, le personnel reste encore supérieur ou inférieur aux besoins, le ministre peut, soit dans tous les établissements industriels, soit dans certains d'entre eux, prescrire provisoirement une diminution ou une augmentation de la durée du travail.

Il peut même, en cas de besoin urgent, prescrire une augmentation de la durée du travail sans avoir pris le temps de rechercher un personnel supplémentaire.

Toute augmentation du travail donne droit à une augmentation de salaire proportionnelle ; toute diminution du travail n'entraîne aucune diminution du salaire.

Le ministre rend compte à la Chambre au moment du vote du budget de la production, des mesures exceptionnelles qu'il a dû prendre dans les cas qui viennent d'être indiqués, et s'il y a lieu, la Chambre apporte à la durée du travail et au montant des salaires dans certaines professions les modifications reconnues nécessaires.

Section II

Comptabilité.

Art. 969

La réception des matières premières et la livraison des produits fabriqués auront lieu sur une facture établie en conformité des art. 108 et 109. Crédit sera donné sur les livres de l'usine aux établissements de qui elle aura reçu. Ceux à qui elle aura livré seront débités. Un compte spécial sera ouvert à chacun des établissements de qui l'usine aura reçu et à qui elle aura fourni.

Les livres seront tenus en double exemplaire dont l'un sera envoyé tous les ans au ministère de la Trésorerie et comptabilité. S'il n'y a pas concordance entre les livres des établissements qui ont eu ensemble des rapports, sur le montant des livraisons effectuées, une enquête sera ouverte et s'il y a lieu, les sanctions légales seront appliquées.

Art. 970

Pour l'établissement du prix de revient sur les bases fixées par l'art. 109, des instructions détermineront avec précision les éléments qui doivent entrer dans le compte des frais généraux : salaires du directeur, des ingénieurs, des contremaîtres, des magasiniers, des comptables, en un mot de tous ceux qui ne sont que les auxiliaires de la fabrication ; et d'autre part le charbon, l'huile et toutes les matières qui, sans s'incorporer aux objets fabriqués, sont indispensables pour produire.

Les matières premières figureront aux écritures pour leur prix de revient, fixé par les factures de livraison.

La main-d'œuvre de fabrication ne sera comptée que sur les objets reconnus utilisables ; ceux qui seraient refusés à la réception seront considérés comme n'existant pas.

Il ne sera fait aucun amortissement du capital, du matériel ni des bâtiments.

Le prix de revient, obtenu par l'addition de la valeur des matières premières avec le montant de la main-d'œuvre de fabrication, sera majoré des frais généraux.

Cette opération sera faite chaque année en fin d'exercice ; le total de la main-d'œuvre de fabrication et des matières premières d'une part et le total des frais généraux d'autre part, étant déterminés, le rapport de la seconde somme à la première sera établi. La comptabilité indiquant ensuite le total des matières premières et de la main-d'œuvre de fabrication pour chaque catégorie d'objets produits, ce total sera majoré dans la proportion du rapport dont il vient d'être parlé. On divisera enfin le nombre ainsi obtenu par le nombre d'objets produits et on aura le prix de revient industriel de chacun.

Art. 971

Il sera fait tous les ans, à une époque fixée par des instructions ministérielles, un inventaire des matières premières non utilisées et des objets produits existant en magasin, le tout au prix de revient.

Le matériel y figurera pour mémoire ; les bâtiments n'y seront pas portés.

Les objets fabriqués reconnus inutilisables y seront portés pour la valeur qu'ils représentent comme matières premières s'ils peuvent encore être employés à ce titre.

Art. 972

Après les inventaires annuels, le service central de la comptabilité établira un tableau de classement entre les différentes usines fabriquant les mêmes produits, d'après les prix de revient auxquels elles seront arrivées.

Dans ce classement, il sera tenu compte de l'infériorité que peut donner à certaines usines le prix élevé des matières premières, les dépenses plus grandes de force motrice, etc.

Des primes proportionnelles au salaire de chacun seront allouées au directeur et au personnel des usines qui auront obtenu les prix de revient les plus bas.

Section III

Etudes et recherches.

Art. 973

Les directeurs d'usines, ingénieurs, directeurs et professeurs d'écoles industrielles qui auront conçu l'idée d'une invention nouvelle ou d'un perfectionnement à une machine ou à un procédé de fabrication déjà employé, pourront faire construire et expérimenter leur création projetée sans frais, soit dans l'usine où ils exercent leurs fonctions, soit dans toute autre.

Les contre-maîtres et ouvriers auront le même droit, mais à la condition de faire préalablement approuver leur projet par le Conseil particulier.

Les dépenses causées par ces essais seront portées à un compte spécial et n'entreront pas comme éléments dans la détermination du prix de revient.

Pour s'assurer leurs droits de priorité et les avantages qui y seront attachés, les auteurs d'inventions pourront en déposer sous pli cacheté la description et les plans au secrétariat du Conseil particulier qui leur en délivrera récépissé ; communication en sera donnée dans sa plus prochaine séance au Conseil particulier qui en fera mention sur le registre de ses procès-verbaux.

Art. 974

Un service spécial d'études et de recherches sera créé à l'étranger. Des délégués permanents du ministre de l'Industrie seront chargés de signaler tous les progrès qui s'accompliront, dans la région qui leur sera assignée, en ce qui concerne la mécanique et les procédés de fabrication et généralement tout ce que l'industrie française peut avoir intérêt à connaître et à imiter.

ART. 975

Le ministre prescrira, dans les usines où il le jugera à propos, l'expérimentation de toutes les idées intéressantes, de toutes les nouveautés utiles qui lui seront signalées de France et par ses délégués à l'étranger. Il communiquera les résultats de ces expériences au Conseil supérieur et, sur son avis, s'il est favorable, il en généralisera l'application.

ART. 976

Une publication périodique, servant de Bulletin officiel au ministère de l'Industrie, reproduira les plus intéressants rapports des délégués à l'étranger et fera connaître les inventions françaises. Elle sera adressée gratuitement à tous les membres du Conseil supérieur et des Conseils particuliers, ainsi qu'à tous les contre-maîtres. La bibliothèque de chaque école en recevra un certain nombre, fixé par le ministre, pour être mis gratuitement à la disposition du public.

Des articles inspirés par le ministre et le Conseil supérieur attireront l'attention du personnel de l'industrie française sur les voies dans lesquelles il serait désirable que des recherches fussent poursuivies.

SECTION IV

Enseignement industriel.

ART. 977

Une école primaire industrielle sera annexée à toutes les usines. Cependant, dans les villes où il existerait plusieurs usines similaires, il pourrait n'être créé qu'un nombre inférieur d'écoles, ou même qu'une seule.

Le directeur de l'école sera placé sous le contrôle du directeur de l'usine.

L'enseignement y sera théorique et pratique ; il sera spécialisé à la branche d'industrie de l'usine.

Chaque école sera pourvue d'une bibliothèque, d'un musée, et s'il y a lieu, d'un laboratoire de chimie.

Art. 978

Des décrets délimiteront le rayon dans lequel se recruteront les élèves de chaque école primaire industrielle.

L'admission aura lieu à la suite d'un concours annuel entre ceux des élèves des écoles primaires du rayon déterminé qui se destineront à l'industrie et à la fin de leurs études.

A la fin des études professionnelles, les élèves, en nombre fixé par instructions ministérielles, qui auront satisfait aux épreuves d'un concours, seront ouvriers de deuxième classe ; ceux qui n'auront pas satisfait a ces épreuves seront ouvriers de troisième classe.

Art. 979

Des écoles secondaires, également spécialisées, seront établies dans les régions où chaque branche d'industrie sera prédominante. Leur nombre et leur siège seront fixés par décrets. Elles seront annexées à des usines importantes.

L'enseignement y sera également théorique et pratique.

Le directeur de l'école sera placé sous le contrôle du directeur de l'usine.

L'admission dans les écoles secondaires industrielles aura lieu à la suite d'un concours annuel entre :

1° Ceux des élèves des écoles secondaires et des écoles primaires supérieures qui se destineront à l'industrie ;

2° Ceux des élèves des écoles primaires industrielles qui, ayant achevé leurs études, voudront aborder l'enseignement secondaire.

A la fin des études les élèves, en nombre fixé par instructions ministérielles, qui auront satisfait aux épreuves d'un concours, auront droit au titre de contre-maîtres et en toucheront le salaire ; mais ils n'en exerceront les fonctions qu'après un stage d'un an comme ouvrier. Ceux qui n'auront pas satisfait à ces épreuves seront ouvriers de première classe.

Art. 980

L'Ecole Polytechnique et l'Ecole Centrale des Arts et Manufactures resteront les établissements d'enseignement supérieur industriel jusqu'à la création d'un établissement nouveau plus spécialement organisé en vue de cette destination.

L'enseignement supérieur industriel sera théorique et général.

L'admission à l'enseignement supérieur aura lieu à la suite d'un concours annuel entre les diplômés d'enseignement secondaire qui voudront y prendre part lorsqu'ils n'auront pas dépassé le maximum d'âge fixé par les règlements.

Tout ingénieur diplômé de l'enseignement supérieur ne pourra être appelé à la direction d'un service industriel qu'après un stage d'une année dans un service similaire, en qualité d'adjoint à l'ingénieur placé à sa tête.

Art. 981

Des écoles d'arts industriels seront créées à Paris

et dans les régions où elles seront reconnue nécessaires.

Le programme des études, les conditions d'admissibilité et les avantages à accorder aux elèves diplômés seront fixés par les décrets qui en prescriront la création.

ART. 982

Un décret fixera les conditions de recrutement des professeurs des écoles de tous les degrés.

TITRE XVII

COMMERCE INTÉRIEUR ET EXTÉRIEUR

CHAPITRE PREMIER

Organisation des services

SECTION PREMIÈRE

Service central.

ART. 983

Les services du ministère du commerce sont répartis en cinq directions dont les attributions sont fixées comme suit :

Commerce intérieur.
Commerce extérieur.
Personnel.
Comptabilité et statistique.
Cabinet du ministre.

L'art. 849 est applicable au ministère du commerce.

Section II

Services départementaux et coloniaux.

Art. 984

Le ministre du commerce est représenté, dans chaque département de France et d'Algérie par un directeur départemental, assisté d'autant de directeurs-adjoints que le département comprend de fois 100.000 habitants, toute fraction supérieure à 50.000 entrant en ligne de compte.

Le directeur départemental s'assure de la bonne tenue des magasins communaux et de la régularité de leurs opérations ; il provoque toutes modifications utiles à leurs installations et à leur fonctionnement et tous agrandissements nécessaires ; il propose quand il y a lieu la création de magasins nouveaux ; il nomme, dans les conditions ci-après indiquées, le personnel subalterne au-dessous des chefs de rayon ; en général, il pourvoit à tous les besoins du service commercial dans son département.

Art. 985

L'art. 852 est applicable aux directions départementales et coloniales du ministère du commerce.

Art. 986

Des décrets déterminent dans chaque colonie les régions à la tête desquelles sera placé un directeur commercial et les villes qui seront le siège de ces directions. Les attributions des directeurs coloniaux seront les mêmes que celles des directeurs départementaux.

Les mêmes décrets fixeront le nombre des directeurs-adjoints attachés à chaque direction régionale.

ART. 987

Les communes de moins de 1.000 habitants sont pourvues d'un magasin unique où sont mis en vente les marchandises de consommation la plus usuelle.

Les communes de 1.000 à 2.000 habitants sont pourvues également d'un magasin unique, mais il y est mis en vente un choix de marchandises plus étendu.

Les communes de 2.000 à 4.000 habitants ont deux magasins installés en des quartiers éloignés l'un de l'autre, de façon à imposer aux acheteurs un minimum de dérangement.

Les directeurs départementaux peuvent proposer au ministre la création d'un plus grand nombre de magasins, lorsque l'utilité en est manifeste, notamment dans le cas de communes séparées en plusieurs villages distants les uns des autres.

ART. 988

Dans les communes au-dessus de 4.000 habitants, il y aura un magasin par 2.000 habitants ou fraction supérieure à 1.000. Cependant, ce chiffre pourra être modifié par décision du ministre sur le rapport du directeur départemental.

ART. 989

Chaque magasin met en vente l'ensemble des objets, produits, denrées, nécessaires à l'alimentation, au vêtement, à l'ameublement et, en général, à tous les besoins de la vie. L'assortiment de ces diverses marchandises comprend toutes les sortes entrant dans la consommation usuelle de la localité.

Dans les grandes villes, où la consommation usuelle comporte un grand choix de marchandises d'une même catégorie, il sera établi des magasins plus ou moins spécialisés par décisions du ministre sur la proposition du directeur départemental.

Art. 990

Chaque magasin est divisé en rayons d'une même catégorie de marchandises ; chaque rayon est divisé en comptoirs de marchandises similaires.

Art. 991

Il existe dans chaque magasin un entrepôt où entrent à leur réception toutes les marchandises, et d'où elles sortent pour être réparties, au fur et à mesure des demandes, entre les divers rayons, puis entre les divers comptoirs.

Art. 992

Il existe, en outre, dans chaque magasin un comptoir d'échantillons avec prix courants au moyen duquel chaque acheteur peut, sans dérangement, se procurer les marchandises qui n'existent pas dans le magasin.

Art. 993

Chaque magasin fait la livraison à domicile ; dans les villes où il existera plusieurs magasins, le rayon de chacun sera déterminé par le directeur départemental.

Art. 994

Au magasin sont rattachés, sous les ordres du directeur, des établissements de diverses natures pour l'exercice des industries et professions relevant du commerce d'alimentation, du vêtement, de l'ameublement ou concernant les soins de la personne : hôtels, restaurants, cafés, salons de coiffure, confection et réparation de chaussures et vêtements, réparation aux coiffures, à l'ameublement, tapisserie, literie, etc., lingerie, blanchisserie, repassage, couture pour dames et modes. La liste de ces établissements est établie par un règlement d'administration publique.

Ces établissements peuvent, selon les convenances, être annexés au magasin général ou en être séparés.

Leur nombre et leurs emplacements sont fixés par le directeur du magasin général après avis du Conseil municipal. En cas de divergence, le directeur départemental statue.

Dans les villes où existent plusieurs magasins généraux, les établissements ci-dessus énumérés sont toujours extérieurs à ces magasins et placés sous l'autorité d'un directeur spécial, indépendant des directeurs de magasins. Le conseil municipal est toujours consulté dans les termes du paragraphe précédent lors de leur création, de leur suppression, de leur transformation et de leur déplacement.

Art. 995

Dans les colonies, il y aura un magasin dans chaque centre administratif ; des décrets du gouverneur, rendus sur la proposition du directeur du commerce de la colonie et après avis des Conseils municipaux intéressés et du Conseil général, détermineront les magasins supplémentaires à créer dans les localités importantes.

Les art. 989, 990, 991, 992, 993 et 994 sont applicables aux colonies.

SECTION III

Services extérieurs.

ART. 996

Les achats et les ventes à l'étranger se font par l'intermédiaire des consuls.

CHAPITRE II

Comités consultatifs

SECTION PREMIÈRE

Conseil supérieur.

ART. 997

Le Conseil supérieur du commerce est composé :

1° Du ministre, président ;

2° Des inspecteurs généraux, vice-présidents ;

3° Des directeurs au ministère ;

4° Du directeur de l'école de commerce de Paris ;

5° De vingt directeurs départementaux, élus par leurs collègues ;

6° De vingt directeurs communaux d'établissements rattachés, élus par leurs collègues ;

7° De directeurs de magasins, à raison d'un pour chaque branche de commerce spécialisée dans des magasins distincts, élus par leurs collègues appartenant à la même branche ;

8° D'un nombre égal de chefs de rayon élus par leurs collègues dans chacune des mêmes branches ;

9° D'un nombre égal d'employés de première classe, élus par leurs collègues dans chacune des mêmes branches ;

10° De gérants d'établissements rattachés, à raison

d'un par chaque nature d'établissements, élus par leurs collègues appartenant à la même branche ;

11° D'un nombre égal d'employés de première classe de chaque nature d'établissements rattachés, élus par leurs collègues appartenant à la même branche.

12° D'un directeur de magasin, d'un chef de rayon et d'un employé de première classe par chaque colonie, désignés par le Conseil particulier de cette colonie ;

13° De vingt consuls, élus par leurs collègues ;

14° De vingt contrôleurs du commerce extérieur, élus par leurs collègues.

Art. 998

Un règlement d'administration publique fixera les conditions dans lesquelles il sera procédé à l'élection des délégués compris aux paragraphes 5, 6, 7, 8, 9, 10, 11, 12, 13 et 14 de l'article précédent.

Art. 999

L'art. 860 est applicable au Conseil supérieur du commerce.

Le Conseil supérieur du commerce donne son avis sur toutes les questions qui lui sont soumises, soit par le ministre, soit par la Chambre des députés, soit par le Conseil d'Etat, soit par un de ses membres.

Il concourt à la nomination aux fonctions d'inspecteurs généraux, de directeurs de l'Ecole de commerce, de directeurs aux ministères, de directeurs départementaux et coloniaux, de consuls et de contrôleurs du service extérieur, dans les conditions fixées par l'art. 828.

Il fait fonction de Conseil de discipline pour ces mêmes fonctionnaires, ainsi que pour tous les employés de l'administration centrale ayant au moins rang de chef de bureau, dans les conditions fixées par l'art. 831.

Section II
Conseils départementaux.

Art. 1000

Les Conseils départementaux du commerce sont composés :

1° Du directeur départemental, président ;

2° Des inspecteurs départementaux, vice-présidents ;

3° De directeurs de magasins à raison de deux par chaque branche de commerce spécialisée dans des magasins distincts, élus par leurs collègues appartenant à la même branche ;

4° D'un nombre égal de chefs de rayon élus par leurs collègues dans chacune desdites branches ;

5° D'un nombre égal d'employés de première classe élus par leurs collègues dans chacune des mêmes branches ;

6° De vingt directeurs communaux d'établissements rattachés, élus par leurs collègues ;

7° De gérants d'établissements rattachés, à raison de deux par chaque nature d'établissements, élus par leurs collègues appartenant à la même branche ;

8° D'un nombre égal d'employés de première classe de chaque nature d'établissements rattachés, élus par leurs collègues appartenant à la même branche.

Art. 1001

Un règlement d'administration publique fixera les conditions dans lesquelles il sera procédé à l'élection des délégués compris aux paragraphes 3, 4, 5,

6, 7 et 8 de l'article précédent et des délégués coloniaux indiqués plus loin à l'art. 1003 et à l'art. 1004.

ART. 1002

L'art. 864 et le premier paragraphe de l'art. 865, sont applicables aux Conseils départementaux du commerce qui font fonction de Conseils de discipline pour tout le personnel non énuméré à l'art. 999, paragraphes 3 et 4.

SECTION III

Conseils coloniaux.

ART. 1003

Chaque colonie étant divisée en régions dont chacune sera le siège d'une direction commerciale, il y aura dans chaque colonie autant de Conseils coloniaux que de directions.

Chaque Conseil sera composé :

1° Du directeur colonial, président ;

2° Des inspecteurs coloniaux ;

3° Des directeurs locaux ;

4° Des directeurs de magasins ;

5° Des directeurs d'établissements rattachés ;

6° D'un chef de rayon par chaque magasin, élu par ses collègues ;

7° D'un employé de première classe par chaque magasin, élu par ses collègues ;

8° D'un gérant d'établissement rattaché par chaque commune, élu par ses collègues ;

9° D'un employé de première classe d'établissement rattaché, par chaque commune, élu par ses collègues.

L'article 1002 est applicable aux Conseils coloniaux.

SECTION IV

Conseils de discipline du commerce extérieur.

ART. 1004

Les employés des consulats et du contrôle du commerce extérieur, non justiciables du Conseil supérieur, auront un Conseil de discipline qui siégera à Paris et sera composé :

1° Du directeur du personnel au ministère, président ;

2° Des inspecteurs généraux du commerce extérieur, vice-présidents ;

3° D'un membre de chaque section de la commission d'achats instituée par l'art. 1052 ;

4° Des chefs de bureau de la direction du personnel ;

5° De dix employés de première classe des consulats et du contrôle du commerce extérieur, élus par leurs collègues.

CHAPITRE III

Contrôle

ART. 1005

Les articles 869 et 870 sont applicables au commerce intérieur.

Il sera créé une inspection particulière dans chaque ville où il existera un consulat et des inspections générales dans les régions déterminées par décrets.

CHAPITRE IV

Fonctionnement des services

Section première

Entrée et sortie des marchandises. Comptabilité. Prix et conditions des ventes.

Art. 1006

Le directeur départemental remet à chaque directeur de magasin la liste des diverses usines ou entrepôts où il devra s'adresser lorsqu'il aura besoin de marchandises. Le directeur de magasin y envoie directement ses commandes.

Chaque expédition est accompagnée d'une facture indiquant les quantités et les prix de vente.

Les marchandises sont reçues et vérifiées à l'entrepôt du magasin destinataire ; l'entrepôt en prend charge et crédite l'expéditeur sur un registre spécial.

Art. 1007

Dans les villes où il existe plusieurs magasins et où les établissements rattachés au service commercial sont placés sous l'autorité d'un directeur spécial, le gérant de chaque établissement remet ses commandes à ce directeur.

Art. 1008

Chaque chef de rayon remet à l'entrepôt du magasin la note écrite et signée des marchandises dont il a besoin pour ses réassortiments ; l'entrepôt les lui livre et l'en débite au prix de vente. Le chef de rayon fait immédiatement marquer le prix en chiffres connus sur toutes les marchandises. Ces prix sont portés pour chaque rayon sur un tableau spécial affiché en plusieurs exemplaires à des endroits très apparents du rayon.

ART. 1009

Tous les achats ont lieu au comptant; il n'est fait aucun escompte ni aucune réduction pour quantités importantes. Un objet acheté ne peut être repris si ce n'est comme objet d'occasion et pour une valeur moindre.

ART. 1010

Les prix de vente dans les magasins sont déterminés selon les prescriptions de l'art. 244.

ART. 1011

Les cultivateurs livreront à l'entrepôt des magasins les produits destinés à être mis en vente sans être transformés. Ils seront payés comptant contre quittance, au tarif fixé, conformément aux art. 107, paragraphe 1er, et 111, et qui sera affiché à l'entrepôt en un endroit apparent. Ces produits seront ensuite livrés aux rayons d'alimentation comme les autres marchandises.

ART. 1012

Les abattoirs, établis en dehors des magasins, par mesure d'hygiène, seront placés sous l'autorité du directeur du magasin s'il est unique; ou s'il y en a plusieurs dans la localité, sous l'autorité du directeur des établissements rattachés. Ils seront munis de chambres frigorifiques ; les entrepôts et les rayons d'alimentation en seront munis également.

Les abattoirs livreront à l'entrepôt du magasin

les animaux entiers ou coupés en quartiers avec facture indicative du poids global de chaque pièce. Les entrepôts en feront le débit et remettront la viande au rayon de boucherie, avec facture indiquant le poids et le prix de vente de chaque morceau.

Art. 1013

Il existera dans les magasins où l'utilité en sera reconnue un rayon d'objets d'art qui recevra, à titre de dépôt seulement, et mettra en vente les œuvres de peinture, de sculpture, les raretés et curiosités qui lui seraient confiées par leurs auteurs ou possesseurs. Le prix de vente, fixé par ces derniers sera indiqué sur chaque objet. Après la vente il sera versé à l'intéressé sous déduction d'une retenue de trente pour cent.

Art. 1014

Un rayon de librairie recevra et vendra dans les mêmes conditions, les livres, brochures et publications périodiques qui seraient mis en vente par leurs auteurs et éditeurs.

Ces derniers feront la livraison en gros, à un magasin de leur localité qui leur sera désigné, de tous les exemplaires qu'ils désireront mettre en vente, avec indication des localités où cette mise en vente doit avoir lieu et du nombre d'exemplaires à envoyer à chacune. La répartition en sera faite sans frais.

Pour la facilité du public, des dépôts pourront être établis par le rayon de librairie en tous les endroits jugés convenables.

Art. 1015

Il existera dans tous les magasins un rayon d'occasions où seront reçus et mis en vente dans les conditions fixées par les deux articles précédents, tous les objets sans valeur artistique dont les particuliers voudraient se défaire.

ART. 1016

Lorsqu'une marchandise sera livrée détériorée par le service des transports, lorsqu'elle se détériorera par accident ou se défraîchira par suite d'un trop long séjour à l'entrepôt ou dans les rayons, lorsqu'elle subira des altérations pour quelque cause que ce soit, le directeur décidera si elle peut encore être mise en vente à un prix réduit ou si elle est devenue hors d'usage.

Les marchandises de ces deux catégories seront aussitôt mises en entrepôt dans des locaux séparés.

L'agent du service de l'hygiène publique de la commune visitera chaque jour les divers magasins ; il se fera représenter les produits alimentaires reconnus hors d'usage, s'assurera de la réalité du fait, et fera procéder en sa présence à leur destruction. Il en dressera procès-verbal sur un registre spécial signé par lui, par le directeur et par le chef de la comptabilité qui ouvrira un compte spécial pour les marchandises ainsi détruites et créditera le service dans lequel elles se trouvaient.

Un employé du service de l'inspection particulière ou, s'il n'en existe pas dans la localité, un délégué du Conseil municipal visitera les magasins périodiquement, à des époques déterminées par décrets, et procédera de même à l'égard des marchandises non alimentaires devenues tout à fait hors d'usage.

Quant à celles susceptibles d'être mises en vente à prix réduit, il les examinera également en présence du directeur et du chef de la comptabilité, décidera avec eux s'il y a lieu de prescrire des réparations et fixera le nouveau prix de vente. Le chef de la comptabilité ouvrira un compte spécial pour ces moins-values et créditera le service dans lequel se trouvaient les marchandises.

Art. 1017

Les objets devant être livrés à domicile seront remis par le rayon qui les aura vendus, avec facture au prix de vente, au service de livraisons à domicile qui en prendra charge.

Art. 1018

Les recettes seront faites par une ou plusieurs caisses sur fiches numérotées portant le nom du rayon et celui du vendeur. Elles seront versées chaque soir à la caisse centrale et le lendemain, par celle-ci au représentant du Trésor dans la commune. Chaque mouvement de fonds sera accompagné de passation d'écritures et la partie prenante donnera décharge à celle de qui elle recevra.

Art. 1019

Le chef de la comptabilité fera chaque jour la vérification de toutes les opérations de marchandises et d'espèces qui se seront produites la veille. Il s'assurera de la concordance des sorties de chaque service avec les entrées dans le service correspondant et dressera des dites opérations un tableau récapitulatif qu'il signera avec le directeur. En cas d'irrégularité il en avisera immédiatement le service du contrôle sous sa responsabilité personnelle.

Art. 1020

Un registre d'observations sera tenu dans chaque magasin à la disposition du public. Tout acheteur pourra y consigner ses plaintes. Copie du registre sera transmise tous les jours par le directeur au service du contrôle et au directeur départemental.

Art. 1021

L'inventaire annuel prescrit par l'art. 192 sera fait par les soins du directeur assisté du chef comptable, ainsi que du chef d'entrepôt et des chefs de rayon chacun pour ce qui le concerne. Si les quantités reconnues à l'inventaire sont inférieures au montant de l'inventaire précédent, augmenté des entrées et diminué des sorties, le directeur et le chef comptable en aviseront séparément le service du contrôle, chacun sous sa responsabilité personnelle. Le service du contrôle procédera comme il est dit plus loin à l'art. 1041.

Art. 1022

Il ne sera mis en vente dans les magasins nationaux que des marchandises et objets ayant reçu toutes les transformations industrielles nécessaires pour pouvoir être mis en usage.

Cependant, les personnes qui voudront procéder elles-mêmes, selon leurs goûts et leurs convenances, à une partie de ces transformations, pourront se procurer par l'intermédiaire du comptoir d'échantillons les matières premières déjà partiellement ouvrées.

Le prix de vente de ces matières, indiqué par le comptoir d'échantillons, sera calculé conformément aux art. 104, 105 et 106 ; mais le quantum de frais généraux sociaux, dont sera majoré le prix de revient industriel, sera le même que si les matières achetées étaient livrées après avoir reçu leurs dernières transformations. Comme on ne pourra savoir au moment de la livraison en quoi consisteront ces transformations ni, par conséquent, ce qu'elles coûteraient industriellement, la majoration sera basée sur une moyenne de dépenses fixée pour chaque produit par décret du ministre du commerce.

Art. 1023

Les artistes feront aux directeurs de magasins, ou s'il en existe plusieurs dans la localité où ils résident, à l'un d'eux qui leur sera désigné, la demande des matières premières même entièrement brutes, dont ils pourront avoir besoin. Elles leur seront livrées au prix fixé par les art. 104, 105 et 106, et au comptant, par l'intermédiaire de ces magasins qui les demanderont aux services producteurs.

Section II

Etablissements rattachés aux magasins nationaux.

Art. 1024

Dans les communes où il n'existera qu'un seul magasin national, les gérants des établissements rattachés y demanderont les approvisionnements dont ils auront besoin.

Dans les villes où il existera plusieurs magasins et où les établissements rattachés seront placés sous l'autorité d'un directeur spécial, les gérants lui remettront leurs commandes, conformément à l'article 1007.

Dans ce dernier cas, il existera à la direction des établissements rattachés un entrepôt des marchandises nécessaires à ces établissements. Le paragraphe 1er de l'art. 1006 s'appliquera aux directeurs spéciaux. En cas d'urgence ils pourront se faire livrer des marchandises par les magasins locaux.

Art. 1025

Le directeur spécial sera débité des marchandises qu'il recevra et débitera les gérants d'établissements de celles qu'il leur fera livrer. Ces débits se feront au prix de vente normal établi par l'art. 1010 pour les magasins. Dans les établissements de luxe où ces prix seront majorés, conformément aux art. 114, 115 et 116 et à l'art. 1026 ci-après, les majorations seront portées au débit d'un compte spécial, au fur et à mesure des débits aux prix ordinaires.

Art. 1026

Les art. 114, 115 et 116, applicables aux débits de boisson, cafés, restaurants et hôtels s'appliqueront également à tous les autres établissements énumérés en l'art. 994.

Art. 1027

Dans tous les établissements livrant des marchandises sans les transformer, ces marchandises seront marquées en chiffres connus, affichés en un tableau spécial conformément à l'art. 1008.

Lorsqu'il doit y avoir transformation, le prix de chaque transformation, variable selon la catégorie de l'établissement, ainsi qu'il est dit aux art. 114, 115, 116 et 1025, est affiché dans les mêmes conditions.

Un autre tableau, également affiché, fait connaître au public les prix des opérations ne constituant pas des transformations.

Art. 1028

L'art. 1009 est applicable aux établissements rattachés.

Art. 1029

Les gérants de restaurants et hôtels s'approvisionneront par l'intermédiaire de leur directeur; en aucun cas ils ne seront autorisés à acheter directement des cultivateurs.

La viande leur sera livrée détaillée par l'entrepôt de la direction des établissements rattachés.

Art. 1030

Les gérants ne seront pas tenus d'accepter des marchandises qui leur seraient livrées en mauvais état. Si certaines marchandises, fautes d'être consommées assez vite, ou pour toute autre cause, viennent à s'altérer après qu'ils en ont pris livraison, ils aviseront immédiatement le directeur et il sera procédé conformément à l'art. 1016.

Art. 1031

Un service de livraisons à domicile commun sera créé pour tous les établissements rattachés. Dans les villes importantes, il sera fait par quartiers.

Les factures acquittées accompagnant chaque livraison seront extraites d'un registre à souche numéroté.

Art. 1032

Les sommes versées comptant seront déposées dans des caisses enregistreuses devant l'acheteur.

Le gérant de chaque établissement versera chaque jour sa recette de la veille à la direction qui versera le lendemain l'ensemble des recettes à la caisse du trésor, le tout dans les conditions fixées par l'art. 1018.

Art. 1033

En même temps que sa recette, le gérant remettra au directeur le détail de ses entrées et sorties de marchandises. Dès le lendemain, le chef de la comptabilité de la direction procédera conformément à l'art. 1019.

ART. 1034

L'art. 1020 est applicable aux établissement rattachés.

ART. 1035

L'inventaire annuel, prescrit pour les magasins, par l'art. 192 sera fait dans les établissements rattachés par les soins du gérant, assisté du chef de la comptabilité de la direction. Il sera procédé conformément à l'art. 1021.

ART. 1036

Les réparations qui ne pourraient être déterminées d'avance, et dont le prix, par conséquent, ne pourrait figurer aux tableaux affichés, seront payées de gré à gré sur une facture à souche.

La fabrication des vêtements et chaussures sur mesure ne sera faite que dans les localités assez importantes pour justifier la création d'un atelier de tailleur et de cordonnerie. Dans les autres, il y aura seulement un ouvrier de chaque profession pour prendre les mesures et faire les essayages.

SECTION III

Récompenses et punitions.

ART. 1037

Les primes, attribuées par l'art. 171 aux directeurs et chefs de rayon qui auront fait le plus fort chiffre d'affaires pour la moindre dépense de répartition, seront applicables au personnel dans les conditions déterminées par l'art. 227, ainsi qu'aux chefs d'entrepôt et de magasin, aux gérants et au personnel des établissements rattachés.

Les bénéficiaires en seront désignés par voie de concours annuels entre les établissements et les rayons similaires d'un même département ou d'une même colonie. Un deuxième concours aura lieu entre les lauréats départementaux et entre les lauréats coloniaux et de nouvelles primes seront attribuées.

Par contre les directeurs, gérants, chefs de rayon et employés des établissements classés en dernière ligne, seront l'objet de réprimandes et s'il y a lieu seront déférés aux Conseils de discipline institués par les art. 999 et 1002.

Art. 1038

Des concours analogues auront lieu entre établissements, rayons et entrepôts similaires pour la quantité de marchandises détériorées ; des primes seront accordées aux plus méritants ; des admonestations seront prononcées contre les directeurs, gérants, chefs de rayon, chefs d'entrepôt, et employés qui auront fait preuve de négligence dans leur service. S'il y a lieu ils seront déférés au Conseil de discipline.

Art. 1039

Le classement des établissements, rayons et entrepôts sera fait par le directeur départemental au moyen d'extraits de comptabilité dressés par le chef comptable des magasins ou des directions d'établissements rattachés, visés par le directeur ou le gérant, le chef de rayon ou d'entrepôt intéressé, vérifiés et certifiés par le service du contrôle.

SECTION IV

Contrôle du commerce intérieur.

ART 1040

Dans l'exercice des fonctions qui leur sont conférées par les art. 821, 869, 870 et 1005, les inspecteurs du contrôle, en outre, des attributions indiquées aux art. 1019, 1020, 1021, 1035 et 1039, auront les pouvoirs les plus étendus pour s'assurer de la stricte application de la loi et des règlements concernant le fonctionnement des magasins nationaux et des établissements rattachés.

Ils pourront procéder à toutes vérifications des marchandises et de la comptabilité et même prescrire des inventaires extraordinaires, en outre de l'inventaire annuel ; dans ce cas ils en surveilleront eux-mêmes les opérations.

ART. 1041

Lorsque des manquants, en marchandises ou en espèces, seront révélés par un inventaire ordinaire ou extraordinaire, l'inspecteur particulier du ressort fera une enquête pour en établir l'origine et les responsabilités. Il consignera toutes ses observations dans un rapport à l'inspecteur général en y joignant ses conclusions motivées sur les sanctions à appliquer.

L'inspecteur général, s'il y a contestation sur la matérialité des faits ou les responsabilités encourues, procédera lui-même à une nouvelle enquête.

ART. 1042

Si les agents responsables sont des employés ou journaliers seulement, l'inspecteur général transmettra le dossier au directeur départemental qui les déférera au Conseil de discipline du département.

Si les responsables exerçant les fonctions de chefs ou sous-chefs de rayon ou d'entrepôt, de gérants d'établissement rattaché ou de directeurs, l'inspecteur général transmettra le dossier au ministre qui les déférera au Conseil supérieur de discipline.

Si les responsabilités d'un même fait pèsent à la fois sur des agents des deux catégories, le Conseil supérieur en sera seul saisi.

Art. 1043

Les inspecteurs particuliers et généraux procéderont de même dans les cas d'irrégularités à eux signalées par application des art. 1019 et 1033 et aussi lorsqu'ils découvriront eux-mêmes des irrégularités.

Lorsque les plaintes inscrites au registre prescrit par les art. 1020 et 1034 paraîtront aux inspecteurs particuliers de nature à être prises en considération, ils feront une enquête et, selon la gravité des cas, si les plaintes sont reconnues fondées, signaleront les faits au directeur départemental pour réprimande, ou procéderont conformément au paragraphe 1er du présent article et aux art. 1041 et 1042.

Art. 1044

Dans les établissements où il est impossible de se rendre compte exactement par la différence entre l'entrée et la sortie des marchandises, du montant des recettes : hôtels, restaurants, salons de coiffure et autres énumérés à l'art. 994, sauf les débits de boissons, tous les paiements seront faits sur des factures extraites de registres à souche, numérotées, frappées du timbre à date de l'établissement et portant le nom des clients. Des inspecteurs spéciaux du contrôle, ambulants, porteurs de cartes d'identité, pourront se faire représenter les factures par les clients à leur sortie des établissements ou recevront d'eux la déclaration qu'il ne leur en a pas été délivré. Dans ce dernier cas ils dresseront procès-verbal ; dans le premier ils conserveront les factures pendant quarante-huit heures pour vérifier si elles sont conformes à la souche.

Toute personne qui, sortant d'un des établissements visés au paragraphe 1er du présent article, refuserait de donner à un inspecteur porteur de sa carte les renseignements qu'il demanderait, serait invitée par ce dernier à le suivre au commissariat de police et, en cas de nouveau refus, y serait conduite par un agent de la force publique sur réquisition de l'inspecteur. Le commissaire de police dresserait également procès-verbal.

ART. 1045

Les directeurs ou employés qui, en ne délivrant pas de quittances aux clients, ou en y mentionnant des sommes inexactes, se seront approprié des sommes qu'ils auraient dû faire entrer en caisse, seront suspendus et déférés aux tribunaux compétents, puis au Conseil de discipline, conformément aux art. 830 et 831.

Les pénalités appliquées seront celles portées à l'art. 752, paragraphe 8 ou à l'art. 753, paragraphe 6, selon les cas.

Toute personne qui aura volontairement et sincèrement donné aux inspecteurs du contrôle les renseignements qui lui étaient demandés sera présumée de bonne foi. Toute personne qui aura résisté ou aura fait des réponses reconnues mensongères sera présumée complice et comprise à ce titre dans les poursuites.

ART. 1046

Les inspecteurs spéciaux chargés de la surveillance des établissements visés à l'art. 1044 pourront, en outre, employer tous moyens de contrôle qui ne seraient pas attentatoires à la liberté des citoyens.

ART. 1047

Le contrôle des débits de boissons sera fait par les mêmes inspecteurs spéciaux dans les conditions ci-après indiquées.

Chaque débit recevra ses marchandises dans des récipients dont chacun contiendra un nombre déterminé de consommations. Ce nombre sera porté en caractères indélébiles sur chaque récipient.

Chaque consommation détaillée sera servie dans un vase portant un trait horizontal pour indiquer la quantité réglementaire qui doit y être versée.

Un tableau apparent indiquera pour chaque consommation la quantité et le prix.

Pour les boissons chaudes à préparer avec des éléments solides, thé, café, etc., la quantité de chaque substance qui devra entrer dans une consommation sera portée au dit tableau. Les clients pourront les faire préparer devant eux en vérifiant la quantité employée.

Les marchandises liquides et solides seront facturées aux gérants au prix où ils devront les débiter, de sorte que la différence entre la valeur des entrées et le montant des recettes versées devra toujours être équivalente aux marchandises que constateront les inventaires.

Les gérants devront faire un inventaire en présence des inspecteurs à toute réquisition de ces derniers.

Pour prévenir les fraudes pouvant résulter de la différence des prix de vente dans les établissements de diverses classes, il sera interdit aux gérants de s'approvisionner ailleurs qu'à l'entrepôt général. Ils ne devront, en aucun cas, recevoir des marchandises provenant d'un établissement d'une classe inférieure.

Les consommations, servies devant le client dans tous les cas où cela sera possible, seront contenues dans des flacons de forme et de couleur variables selon la classe de l'établissement.

Les inspecteurs s'assureront par des perquisitions fréquentes qu'aucun flacon d'une classe inférieure. vide ou plein, n'existe dans l'établissement.

L'art. 1046 sera applicable aux débits.

Art. 1048

Le droit de contrôle sur les produits livrés par le commerce appartient en outre à tout citoyen dans les conditions indiquées aux art. 817 et suivants.

Section V

Services extérieurs.

Art. 1049

La quantité des produits à exporter et à importer sera fixée chaque année par la Chambre dans le budget de la production, conformément à l'art. 194, de façon à assurer un léger excédant de valeur à l'exportation sur l'importation.

Mais les prix de vente et d'achat ne pouvant être exactement prévus à l'avance, le ministre du commerce pourra, au cours de l'exercice, augmenter ou diminuer la quantité des produits à exporter, de façon à maintenir l'équilibre sous réserve du léger excédant indiqué au paragraphe qui précède.

ART. 1050

Les exportations porteront de préférence sur les produits susceptibles d'être vendus à l'extérieur au-dessus de leur prix de revient ; cependant, si ce résultat ne peut être obtenu pour certains d'entre eux, on traitera aux cours les plus élevés possibles sans tenir compte de ce qu'ils ont coûté.

ART. 1051

Un règlement d'administration publique déterminera les places de commerce du monde sur lesquelles la France devra être représentée par des consuls chargés des achats et des ventes.

Chaque consul recevra des instructions sur la nature et la quantité des produits qu'il y a lieu de vendre et d'acheter ; il transmettra télégraphiquement au ministère les offres et les demandes qu'il pourra recevoir et qu'il devra provoquer.

ART. 1052

Une Commission permanente d'achats et de vente sera instituée au ministère par un règlement d'administration publique. Elle sera divisée en sections. Elle centralisera et classera les offres et les demandes le jour même où elle les recevra et donnera séance tenante au ministre son avis sur celles qui doivent être préférées. Le ministre transmettra aussitôt des instructions dans ce sens aux consuls qu'elles concerneront.

La Commission recevra également et examinera de même les offres et demandes qui pourraient parvenir directement au ministère.

ART. 1053

Dans chaque ville où il existera un consul résidera également un contrôleur qui agira en dehors de lui ; il sera chargé de se renseigner exactement sur les prix d'achat et de vente des divers produits entrant dans le commerce d'importation et d'exportation et d'en informer la Commission. Lorsque les propositions d'un consul seront moins avantageuses que les indications du contrôleur, ce dernier sera invité à réaliser ses indications par un marché ferme. S'il y parvient, il recevra à titre de gratification un tant pour cent à fixer par règlement sur le bénéfice qu'il aura fait obtenir.

Tout consul convaincu ainsi de n'avoir pas obtenu le maximum d'avantages pour la Nation sera, la première fois rappelé à l'ordre, et en cas de récidive déféré au Conseil de discipline, sans préjudice de poursuites criminelles en cas de concussion.

ART. 1054

Des inspecteurs généraux mobiles, opérant à l'insu des consuls et des contrôleurs, vérifieront les renseignements fournis par les uns et par les autres et, s'il peuvent faire traiter des marchés plus avantageux, recevront la gratification accordée par l'article précédent.

Tout particulier qui ferait réaliser à la Nation un marché plus avantageux que ceux proposés par ses représentants aura droit à la même gratification.

SECTION VI

Liberté du commerce à l'intérieur. — Importations et exportations des particuliers.

ART. 1055

A l'expiration d'un délai de cinq ans après la

promulgation de la présente loi, conformément à l'art. 5, le commerce pourra être librement exercé par les particuliers à l'intérieur.

Exception est faite : 1° pour les produits alimentaires, les armes, munitions, explosifs et tous autres produits dont la vente pourra être interdite par décrets dans l'intérêt de l'hygiène et de la sécurité publiques ; 2° pour les marchandises de provenance étrangère.

ART. 1056

Toute personne qui voudra se livrer au commerce en fera la déclaration à la mairie de la commune où elle aura l'intention de créer un établissement. Il lui en sera délivré récépissé. Elle pourra colporter ses marchandises en se conformant aux règlements sur la police de la voie publique.

ART. 1057

Quiconque se livrera au commerce ne sera soumis à aucune charge, mais ne pourra exercer aucune fonction ni occuper aucun emploi, et sera déchu de son droit au travail, à la retraite et à l'indemnité en cas de perte accidentelle.

Il en sera de même du mari dont la femme, non divorcée, ferait le commerce.

Cependant, quiconque aurait fait le commerce pendant moins de dix ans et déclarerait dix ans au moins avant l'âge fixé pour la retraite qu'il y a renoncé, recouvrerait ses droits à la solidarité sociale ; mais sa retraite ne pourrait en aucun cas excéder celle d'un journalier de troisième classe.

ART. 1058

Chacun pourra librement exporter de France ou des colonies, soit pour son usage personnel, soit pour en faire le commerce, les produits qu'il se sera fait délivrer dans les magasins nationaux ou qu'il aura fabriqués lui-même.

Conformément à l'art. 5, l'importation n'est autorisée que pour les objets destinés à l'usage privé de l'importateur, et introduits par ce dernier personnellement. Les objets importés doivent être déclarés à la douane, à peine de confiscation. Leur propriétaire doit justifier de son identité par une carte délivrée par la mairie de la commune de son domicile. Sa déclaration est transmise par la douane à la dite mairie. En cas d'introductions répétées ou frauduleuses, l'autorisation d'importer sera retirée.

Art. 1059

Il sera établi aux ports et aux gares frontières des bureaux de change où, sur production de la carte d'identité prévue à l'article précédent, tout citoyen désireux de voyager à l'étranger pourra échanger contre de la monnaie étrangère une quantité de papier monnaie français représentant au plus le triple de son salaire mensuel, et dont le montant sera porté sur la carte d'identité. A son retour, il pourra échanger ce qui lui restera de monnaie étrangère contre de la monnaie française. Ces opérations se feront au pair, s'il n'en est autrement ordonné par arrêté du ministre du commerce lequel fixera le taux du change. Avis en sera donné par les bureaux de change à la mairie du domicile des intéressés.

Section VII

Enseignement commercial.

Art. 1060

Il sera créé à Paris une école de commerce où les jeunes gens se destinant aux services du commerce extérieur recevront des notions sur la qualité, la valeur, les origines des produits d'importation et d'exportation, et sur les sciences qui leur seront plus particulièrement utiles dans cette carrière.

Les conditions d'admission et le programme des études seront fixés par décret.

TITRE XVIII

TRANSPORT, NAVIGATION ET CORRESPONDANCES

CHAPITRE PREMIER

Organisation des services

SECTION PREMIÈRE

Service central

ART. 1061

Les services du ministère des Transports, navigation et correspondances sont répartis en dix directions dont les attributions sont fixées comme suit :

Transports maritimes,
Navigation intérieure,
Chemins de fer,
Transports par voitures de terre,
Postes, télégraphes et téléphones,
Pêche maritime,
Etudes, recherches et enseignement,

Personnel,
Comptabilité et statistique,
Cabinet du ministre.
L'art. 849 est applicable à ce ministère.

Art. 1062

Chacune des six premières directions assure, en France et aux colonies, le fonctionnement du service dont elle est chargé. Les attributions des quatre autres directions sont les mêmes que celles fixées pour l'agriculture par les art. 844, 845, 846 et 848.

Section II

Services régionaux et coloniaux.

Art. 1063

Un règlement d'administration publique déterminera les ports de la France et des colonies qui seront affectés aux transports maritimes de ceux qui seront affectés à la pêche maritime. Les deux services pourront exister à la fois dans certains ports. Dans chacun des ports de la première catégorie, il existera un directeur de la navigation maritime et dans chacun de ceux de la seconde il existera un directeur de la pêche maritime.

Des arrêtés ministériels détermineront l'organisation des bureaux de chaque direction selon son importance.

Art. 1064

Chaque direction de la navigation maritime et chaque direction de la pêche maritime sera divisée en deux sous-directions : service technique et service d'exécution.

Art. 1065

Un règlement d'administration publique déterminera les centres de navigation intérieure qui seront le siège d'une direction régionale de ce service. Le dernier paragraphe de l'art. 1063 et l'art. 1064 seront applicables à ces directions.

Art. 1066

L'art. 1065 sera applicable au service des chemins de fer et au service des transports par voitures de terre.

Art. 1067

L'organisation administrative des postes, télégraphes et téléphones sera conservée en France et aux colonies jusqu'à ce que des modifications y soient reconnues nécessaires.

Art. 1068

Chaque direction régionale des divers services ci-dessus énumérés sera le siège d'un établissement d'enseignement secondaire technique et pratique placé sous l'autorité du directeur.

Des règlements d'administration publique détermineront : 1° les directions qui seront le siège des établissements d'enseignement supérieur dont il n'existera qu'un par service pour la France et les colonies; 2° les localités où il sera créé des établissements d'enseignement primaire ; 3° les conditions dans lesquelles sera organisé l'enseignement technique des postes, télégraphes et téléphones.

Des arrêtés ministériels fixeront le programme et les conditions d'admission des diverses écoles ainsi que les emplois et fonctions auxquels elles donneront accès.

Art. 1069

Des règlements d'administration publique détermineront l'organisation des services de la navigation intérieure, des chemins de fer, des transports par voitures de terre et de l'enseignement technique y relatif dans les colonies où ces services seront appelés à fonctionner.

CHAPITRE II

Comités consultatifs

Section première

Conseil supérieur.

Art. 1070

L'article 948 est applicable au ministère des Transports, Navigation de Correspondances.

Art. 1071

Chaque section est composée :
1° Du directeur au ministère, président ;
2° Du directeur de l'établissement d'enseignement supérieur technique de la section, vice-président ;
3° Des inspecteurs généraux ;
4° Des directeurs et des sous-directeurs régionaux et coloniaux ;
5° D'un ingénieur de chaque sous-direction régionale et coloniale, désigné par ses collègues ;
6° Des directeurs des établissements d'enseignement secondaire technique de la section ;
7° D'un professeur de chacun de ces établissements, désigné par ses collègues ;

8° D'un directeur d'école primaire de chaque direction régionale et coloniale, désigné par ses collègues ;

9° Du chef de la comptabilité de chaque direction régionale ;

10° D'un contre-maître, ou agent d'une situation équivalente, par direction régionale et coloniale, désigné par ses collègues ;

11° D'un ouvrier de première classe, ou agent d'une situation équivalente, par direction régionale et coloniale, désigné par ses collègues.

Pour la section des postes, télégraphes et téléphones, qui n'a pas de directions régionales, on adoptera la circonscription régionale des inspecteurs généraux.

Art. 1072

Un règlement d'administration publique fixera les conditions dans lesquelles seront élus les délégués désignés sous les numéros d'ordre : 5, 7, 8, 10 et 11 de l'art. précédent, ainsi que les délégués aux Conseils régionaux dont il sera ci-après parlé.

Art. 1073

L'article 951 est applicable aux réunions du conseil supérieur des Transports, Navigation et Correspondances.

L'article 952 lui est applicable avec addition au paragraphe 5 du numéro d'ordre 11.

L'art. 953 lui est applicable avec substitution au paragraphe 2 des mots : de directeurs et sous-directeurs régionaux, coloniaux et départementaux aux mots : de directeurs d'usines, et addition des mots : ainsi que de toutes autres fonctions qui seront déterminées par décret.

L'art. 954 est applicable.

SECTION II

Conseils particuliers.

ART. 1074

Il existe un Conseil particulier, dans chacun des six services nommés au paragraphe 2, pour chacune des régions désignées par les art. 1063, 1065, 1066 1069 et par le dernier paragraphe de l'art. 1071.

Il est présidé par le directeur régional pour les services des transports maritimes, de la navigation intérieure, des chemins de fer, des transports par voitures de terre et de la pêche maritime, et par l'inspecteur général de la région pour le service des postes, télégraphes et téléphones.

Il est composé en outre :

Des ingénieurs,

Des inspecteurs particuliers,

Des directeurs départementaux des postes et télégraphes pour ce service, des commandants de navires pour celui des transports maritimes, et pour les autres services de fonctionnaires d'une situation équivalente qui seront désignés par décrets.

Des directeurs et professeurs de l'école secondaire,

De cinq directeurs d'écoles primaires élus par leurs collègues ;

De cinq contre-maitres, de cinq employés et de cinq ouvriers de première classe élu par leurs collègues.

Les art. 956 et 957 sont applicables.

CHAPITRE III

Contrôle

ART. 1075

Il existera dans chacun des six services relevant du ministère des Transports, Navigation et Correspondances des inspecteurs généraux et particuliers dont le nombre, le recrutement, les attributions et le rayon d'action seront déterminés par règlements d'administration publique, par analogie à ce qui est créé dans les autres ministères organisés par les titres précédents.

CHAPITRE IV

Fonctionnement des services

Section première

Transports maritimes.

Art. 1076

Le service des transports maritimes est divisé en deux branches : service technique et service d'exécution.

Le service technique, avec le concours du service des Etudes et recherches, dresse les plans des navires à construire et détermine les réparations et améliorations à faire à ceux qui existent. Il dresse également les projets de ports nouveaux à établir et des améliorations à apporter aux ports actuels, tant au point de vue de leur aménagement qu'au point de vue de leur outillage. Ces travaux sont exécutés par le service de l'industrie et par celui des bâtiments et travaux publics chacun en ce qui le concerne.

Le service d'exécution assure, au moyen des navires mis à sa disposition par le service technique, les transports de personnes et de marchandises, ainsi que les transports postaux.

ART. 1077

La France assure, par le moyen de sa flotte de commerce, tous les transports de personnes et de marchandises et les transports postaux à effectuer :

1° Entre les ports de la France continentale ;

2° Entre la France continentale et les colonies ;

3° Entre la France et les colonies d'une part, et l'étranger d'autre part.

La France ne transporte pas de personnes, de marchandises ni de dépêches postales pour le compte d'étrangers, sauf dans des cas exceptionnels, pour assurer plus rapidement des communications difficiles. Ces cas sont spécifiés par décrets.

Exceptionnellement, lorsque les paquebots destinés au transport des voyageurs français auront des places libres, elles pourront être mises à la disposition de voyageurs étrangers. Des arrêtés ministériels fixeront les conditions de ces transports.

ART. 1078

Les transports de personnes, de marchandises et de dépêches postales seront effectués gratuitement entre la France et ses colonies et entre la France et l'étranger :

1° Pour les marchandises, le matériel et les objets divers appartenant à la Nation ;

2° Pour les citoyens français et leur famille se déplaçant pour les besoins des services publics, ainsi que pour leurs objets mobiliers.

ART. 1079

Les commandants des navires prendront en charge les objets transportés sur des bordereaux énonciatifs signés par eux, dont ils remettront une copie à titre de récépissé au service expéditeur et une deuxième copie au service destinataire. Ce dernier après avoir pris livraison, donnera décharge au commandant sur le bordereau original.

Ils procéderont de même à l'égard des objets transportés pour le compte des citoyens et de leurs familles se déplaçant pour les besoins des services publics.

Le service des postes aura sur chaque paquebot affecté à ses transports un local à lui réservé et ses courriers seront accompagnés d'agents responsables sans que le commandant du navire ait à intervenir.

Art. 1080

Les citoyens français et leurs familles transportés gratuitement pour les besoins des services publics seront pourvus d'une carte spéciale mentionnant leur emploi, la cause de leur voyage et la classe à laquelle ils ont droit. Ils pourront voyager dans une autre classe en payant un supplément.

Les personnes françaises ou étrangères admises à bord des paquebots payeront leur place au tarif fixé conformément au dernier paragraphe de l'art. 1077.

Art. 1081

La flotte française comprendra, en outre des paquebots-poste faisant des voyages réguliers et transportant également des personnes et des marchandises, des navires spécialement affectés au transport des marchandises et dont les itinéraires varieront selon les besoins.

Certains d'entre eux recevront des aménagements spéciaux pour les transports frigorifiques, le pétrole, le charbon, etc.

SECTION II

Navigation intérieure.

ART. 1082

Le service de la navigation intérieure est divisé en deux branches : service technique et service d'exécution.

Le service technique, avec le concours du service des Etudes et recherches, dresse les plans des bateaux, remorqueurs, chalands à construire et indique les réparations et améliorations à faire à ceux qui existent. Il dresse les projets de canaux nouveaux, écluses, digues, ports, quais, travaux de dragage, de balisage et tout ce qui concerne la navigation intérieure. Ces divers travaux sont exécutés par le service de l'Industrie et par le service des Bâtiments et Travaux publics, chacun en ce qui le concerne.

Le service d'exécution assure les transports des marchandises et des personnes.

ART. 1083

Les transports de marchandises sont effectués gratuitement et réservés aux services publics ; le paragraphe 1er de l'art. 1079 leur est applicable.

Les transports de personnes, auxquels sont affectés des bateaux spéciaux, sont gratuits pour tous les voyageurs. Les classes supérieures, lorsqu'il en existe, ne sont accessibles gratuitement qu'aux porteurs de cartes autorisés, à raison de la situation qu'ils occupent, à s'y faire admettre. Les étrangers, ainsi que les Français non pourvus de ces cartes, et qui veulent voyager dans les classes supérieures, paient leurs places selon un tarif établi.

Section III

Chemins de fer.

Art. 1084

Les lignes ferrées sont établies et entretenues par le service des Bâtiments et travaux publics ; le matériel des transports est fourni et réparé par le service de l'industrie.

Le service technique des chemins de fer signale les lignes nouvelles et le matériel nouveau à construire, les réparations à effectuer, les modifications reconnues nécessaires aux types de locomotives et de voitures en usage, aux conditions d'établissement des voies, des gares, etc. Il est aidé dans ses travaux par le service des Etudes et recherches et par le ministère des Forces.

Le service d'exécution assure le fonctionnement des lignes établies.

Art. 1085

Le paragraphe 1er de l'art. 1083 est applicable.

Les transports en troisième classe sont gratuits pour tous les voyageurs. Les compartiments de seconde et de première classe ne sont accessibles gratuitement qu'aux porteurs de cartes spéciales. Les autres voyageurs et les étrangers peuvent employer les seconde et première classes en payant leurs places au tarif établi.

Les chemins de fer transportent gratuitement un poids de bagages déterminé ; le surplus est payé au tarif établi, à moins qu'il ne s'agisse du mobilier d'un citoyen ou d'une famille changeant de résidence pour satisfaire aux besoins d'un service public et porteurs d'un bon de transport gratuit.

Les objets transportés pour le compte de particuliers sont taxés selon un tarif unique basé sur le poids et la distance. Ils sont acheminés par trains de marchandises directs. Toutes distinctions entre la grande et la petite vitesse sont supprimées.

Section IV

Transports par voitures de terre.

Art. 1086

Ce service comprendra :

1° Les transports de marchandises par voies terrestres non ferrées, y compris le camionnage et les messageries ;

2° Les transports de voyageurs isolés ou en petits groupes par voitures spéciales ;

3° Les transports de voyageurs en commun par voitures faisant un service régulier.

Art. 1087

Les routes et chemins sont établis et entretenus par le service des Bâtiments et travaux publics. Le matériel des transports est fourni et réparé par le service de l'Industrie.

Le service technique des Transports par voitures de terre signale les nouvelles voies de communication et le nouveau matériel à construire, les réparations à effectuer, les modifications reconnues nécessaires aux types de voitures en usage. Il est aidé dans ses travaux par le service des Etudes et recherches et par le ministère des Forces.

Le service d'exécution assure les transports dont il est chargé.

ART. 1088

Les transports sont effectués dans les conditions fixées au paragraphe 1er de l'art. 1079.

Ils sont gratuits pour les marchandises et produits divers, et pour les personnes, dans tous les cas spécifiés à l'art. 1085 ; ils sont payants dans les cas spécifiés par le même article ; les transports de personnes et de marchandises par voitures spéciales sont payés au tarif établi.

SECTION V

Postes, Télégraphes et Téléphones.

ART. 1089

Les lettres, imprimés, papiers d'affaires, pesant moins d'un kilogramme et non recommandés, seront transportés et distribués gratuitement en France et aux colonies. Au-dessus de ce poids ils ne seront pas acceptés par la poste. Les objets autres que ceux énumérés ci-dessus ne seront pas acceptés par la poste, même s'ils pèsent moins d'un kilogramme.

Une taxe de 10 centimes sera perçue pour la recommandation.

Les correspondances avec l'étranger resteront régies par les conventions internationales.

L'envoi de fonds par la poste sera gratuit.

ART. 1090

L'usage du télégraphe et du téléphone restera assujetti à la perception des taxes en vigueur au moment de la promulgation de la présente loi.

SECTION VI

Pêche maritime.

ART. 1091

Outre les barques et bateaux qui seront mis gratuitement par la Nation à la disposition des pêcheurs et associations de pêcheurs aux termes de l'art. 94, la Nation mettra à leur disposition les filets et apparaux, à titre gratuit également. L'entretien sera seul à leur charge. Des règlements fixeront la durée minimum de chaque objet. Ceux qui manqueraient ou seraient hors d'usage avant ce délai seront remplacés aux frais des intéressés.

ART. 1092

Le service technique de la pêche maritime, avec le concours de celui des Etudes et recherches, établira les plans des bateaux et barques à construire et déterminera leur outillage. La construction et l'entretien des bateaux, des barques et de l'outillage seront faits par le service de l'industrie. Le service technique signalera les réparations et améliorations à faire aux ports, ainsi que les nouvelles régions reconnues propres à la pêche.

Le service de l'exécution fixera les départs des flottilles de grande pêche, s'assurera du bon état des bâtiments, désignera les croiseurs qui devront les accompagner pour veiller à leur sécurité, veillera à ce que la répartition des produits de la pêche soit faite équitablement et conformément aux statuts des associations de pêcheurs.

Les pêcheurs isolés se livreront à la pêche quand ils le jugeront convenable.

En cas de circonstances exceptionnelles qui auraient pour effet de priver pendant un temps prolongé les pêcheurs de leur salaire normal, le service de l'exécution proposera au ministre de leur allouer les indemnités convenables.

Section VII

Etudes, recherches, renseignements.

Art. 1093

Le service des Etudes et recherches concentre toutes les publications techniques qui paraissent à l'étranger sur les questions qui l'intéressent ; il envoie à l'étranger des missions permanentes et temporaires pour le renseigner sur les inventions nouvelles et les améliorations apportées aux services ; il étudie les propositions des inventeurs français ; il fait les essais et expériences qu'il juge nécessaires ; en un mot, il recherche et propose tous les progrès qui lui paraissent réalisables.

Un règlement d'administration publique détermine l'organisation de l'enseignement à tous les degrés du ministère des Transports, Navigation et Correspondances, sur des bases analogues à celles indiquées aux ministères de l'Agriculture et de l'Industrie.

TITRE XIX

MINES ET CARRIÈRES

CHAPITRE PREMIER

Organisation des services

Section première

Service central.

Art. 1094

Les services du ministère des Mines et Carrières sont répartis en cinq directions dont les attributions sont fixées comme suit :

Service des études et recherches et de l'enseignement,

Service d'exécution,

Personnel,

Comptabilité et statistique,

Cabinet du ministre,

L'article 849 est applicable.

Section II

Services locaux, régionaux et coloniaux.

Art. 1095

Les minières et carrières destinées à pourvoir aux besoins locaux comme sable, moellons, pierre de taille, pierres à chaux et à plâtre, etc. sont rattachées au ministère des Bâtiments et Travaux Publics.

Art. 1096

Les art. 942, 943, 944, 945, 946 et 947 sont applicables au service des Mines et carrières.

CHAPITRE II

Comités consultatifs

Section première

Conseil supérieur.

Art. 1097

Un règlement d'administration publique détermine, par analogie avec les dispositions applicables aux ministères compris aux titres précédents, la composition, les attributions et le fonctionnement du Conseil supérieur des Mines et carrières.

Section II

Conseils particuliers.

Art. 1098

L'article 1097 est applicable.

CHAPITRE III

Contrôle

Art. 1099

L'article 958 est applicable.

CHAPITRE IV

Fonctionnement des services

SECTION PREMIÈRE

Service des Etudes et recherches et de l'enseignement.

ART. 1100

Le service des Etudes et recherches, avec le concours du ministère des Forces, détermine les meilleurs procédés d'exploitation et les perfectionnements à apporter au matériel des mines. A cet effet, il s'entoure de tous les renseignements et fait toutes les expériences énoncés à l'art. 1093. Les articles 975 et 976 sont applicables.

Il est de plus chargé de dresser un inventaire méthodique et complet de toutes les richesses minérales existant dans le sous sol, en France et dans les colonies.

ART. 1101

La France et les colonies sont divisées par un règlement d'administration publique en régions à la tête de chacune desquelles est placé un ingénieur des mines qui a la direction des recherches de gisements minéraux dans sa région.

Chaque découverte d'un gisement utile donne lieu à des récompenses au profit de l'ingénieur régional et des agents qui y ont contribué. Ces récompenses, proportionnées à l'importance des gisements, sont fixées par le règlement d'administration publique qui a créé les régions.

Ce règlement détermine les travaux de sondages à effectuer pour reconnaître la valeur des gisements découverts.

Art. 1102

L'enseignement technique des Mines et Carrières sera organisé conformément à l'art. 1093.

Section II

Service d'exécution.

Art. 1103

Le ministère des Mines et carrières reçoit son matériel, ses matériaux et produits divers des autres services ; il leur livre ses produits ; il n'a aucun rapport avec les particuliers ; ses achats et ventes ne donnent lieu qu'à des passations d'écritures sans aucun mouvement d'espèces, conformément à l'art 108.

Art. 1104

L'art. 960 est applicable aux mines et carrières, ainsi que les art. 961, 962, 963, 964, 965, 966, 967, 968, 969, 970, 971 et 972.

TITRE XX

FORCES

CHAPITRE UNIQUE

Organisation et fonctionnement des services

Art. 1105

Le ministère des Forces est un service d'études et de recherches, non d'exécution.

Son but est : 1° De rechercher toutes les forces naturelles utilisables, en France et aux colonies, par les moyens scientifiques actuels et de présenter des projets pour leur utilisation ;

2° De rechercher les améliorations qui peuvent être apportées aux appareils destinés à produire, à capter et à transporter la force motrice ;

3° De rechercher les moyens nouveaux de capter les forces naturelles, de produire économiquement la force par des moteurs, et de la transporter.

Art. 1106

Les services du ministère des Forces forment une direction unique, subdivisée conformément à l'art. 849.

Les art. 976, 1093, 1101 et 1102 sont applicables aux services des Forces.

Art. 1107

Il est créé un Conseil supérieur et des Conseils particuliers conformément aux art. 1097 et 1098.

Il n'est pas créé de service de contrôle.

Art. 1108

Le Conseil supérieur et les Conseils particuliers font exclusivement fonction de Conseils de discipline et d'administration.

La haute direction des études techniques est confiée à un Comité supérieur composé de savants désignés par le ministre, des chefs de service du ministère des Forces et d'ingénieurs des services de l'Agriculture, de l'Industrie, des Transports, des Mines, des Bâtiments et Travaux Publics, de la Guerre et de la Marine.

Sa composition et son fonctionnement seront fixés par un règlement d'administration publique.

TITRE XXI
BATIMENTS ET TRAVAUX PUBLICS

CHAPITRE PREMIER
Organisation des services

SECTION PREMIÈRE
Service central.

ART. 1109

Les services du Ministère des Bâtiments et Travaux publics sont répartis en six directions :
Bâtiments,
Travaux publics,
Etudes, recherches et enseignement,
Personnel,
Comptabilité et statistique,
Cabinet du ministre.
La direction des Bâtiments se divise en cinq sous-directions :
Monuments publics,
Bâtiments administratifs,
Bâtiments d'exploitation (agriculture, industrie, commerce).
Bâtiments d'habitation,
Egouts et assainissement.
La direction des Travaux publics se divise en six sous-directions :
Chemins de fer,
Ports,

Canaux,
Ponts et digues,
Routes et chemins,
Industries rattachées,
L'art. 840 est applicable.

Section II

Services départementaux et coloniaux.

Art. 1110

Le ministère des Bâtiments et Travaux publics est représenté, dans chaque département de France et d'Algérie, par un ingénieur en chef, directeur départemental, assisté de onze ingénieurs, directeurs-adjoints, dont les attributions correspondent aux onze sous-directions énumérées à l'art. précédent.

L'art. 852 est applicable.

Art. 1111

L'organisation coloniale est établie conformément à l'art. 986.

Art. 1112

Le service des Bâtiments est dirigé, dans les communes importantes et les groupements de communes déterminés par arrêtés ministériels, par un architecte communal, chargé de l'étude et de l'exécution des travaux concernant les Bâtiments, les égouts et travaux d'assainissement, l'entretien des routes et chemins, la direction des industries rattachées, la surveillance des travaux de construction et de réparation des monuments publics.

Les travaux de construction des ports, chemins de fer, canaux, ponts et digues, routes et chemins sont étudiés et dirigés par des ingénieurs détachés de la direction départementale selon les besoins du service.

L'entretien des ports, chemins de fer, canaux, ponts et digues, est assuré par des chefs de section dont les circonscriptions sont déterminées par arrêtés ministériels.

Les architectes communaux, les ingénieurs chargés des travaux de construction et les chefs de section ont sous leurs ordres le nombre de conducteurs de travaux qui leur est nécessaire.

CHAPITRE II

Comités consultatifs

Art. 1113

Les art. 1097 et 1098 sont applicable.

CHAPITRE III

Contrôle

Art. 1114

Les art. 869 et 870 sont applicables.

CHAPITRE IV

Fonctionnement des services

Section première

Exécution des travaux.

Art. 1115

Le ministère des Bâtiments et Travaux publics ne reçoit les matières premières, matériaux, outillage et produits divers qu'il emploie que des autres services ; il n'exécute ses travaux que pour les autres services ou pour ses besoins propres, et n'a de rapports avec les particuliers que dans les cas prévus aux articles 1116 et suivants ; sauf ces cas, ses approvisionnements et ses livraisons de travaux exécutés ne donnent lieu qu'à des passations d'écritures sans aucun mouvement d'espèces, conformément à l'art. 108.

Art. 1116

Tout particulier a le droit de faire édifier pour son compte par le Service des Bâtiments et Travaux publics les constructions à usage d'habitation ou d'exploitation agricole, commerciale et industrielle qu'il jugera utiles.

S'il veut en user, il adresse au maire de la commune où il veut élever ses constructions, une demande tendant à obtenir la concession de l'emplacement qu'il a choisi. Cette concession ne peut être que viagère. A la mort du concessionnaire, le terrain et la construction qui y existent font retour à la Nation.

La demande est transmise par le maire au préfet qui provoque l'avis des divers services pouvant avoir intérêt à ce que la concession ne soit pas accordée. Le maire consulte en même temps le Conseil municipal dont l'avis est également transmis au préfet. Si toutes les opinions sont favorables, la concession est accordée par arrêté préfectoral ; si elles sont toutes opposées, la concession est rejetée, par arrêté préfectoral également ; si elles sont contradictoires, le Conseil général statue.

La concession est accordée moyennant une redevance annuelle fixée par le préfet ou par le Conseil général selon le cas. Elle peut être retirée sans indemnité si l'usage des locaux créés a pour effet de compromettre l'hygiène publique ou d'incommoder le voisinage. De son côté, le concessionnaire peut toujours y renoncer en abandonnant les constructions élevées par lui.

Le concessionnaire peut dresser des plans de ses constructions ; il les soumet au service des Bâtiments qui n'y apporte de modifications que s'ils présentent des dangers pour la sécurité publique ou celle des personnes qui auront à se trouver dans les locaux à construire, ou encore s'ils constituent une gêne pour la circulation ou enfin s'ils dérogent gravement aux règles esthétiques adoptées pour la voie publique où ils sont situés.

Les plans étant arrêtés d'accord entre le concessionnaire et le service des Bâtiments, celui-ci établit le devis des travaux à exécuter. Dans ce devis, les matériaux figurent pour la valeur à laquelle ils ont été fournis au service des Bâtiments, la main-d'œuvre et les frais généraux pour ce qu'ils coûtent. Le total de la dépense est ensuite majoré dans la proportion fixée par les art. 105 et 106.

Le concessionnaire verse le montant du devis à la trésorerie et les travaux sont exécutés par le service des Bâtiments dans le plus bref délai possible.

Art. 1117

Les réparations et transformations que le concessionnaire peut juger nécessaires par la suite sont exécutées dans les conditions portées aux trois derniers paragraphes de l'article précédent.

Art. 1118

Les petits propriétaires, qui auront usé du droit créé en leur faveur par l'art. 8, pourront faire construire des bâtiments nouveaux ou réparer ceux qu'ils possèdent déjà, dans les conditions portées aux art. 1116 et 1117.

Art. 1119

Chaque année, après le vote par la Chambre du budget de la production, le ministre fait connaître aux différents services les travaux qu'ils auront à exécuter au cours de l'exercice suivant. En même temps il leur ouvre, en matières premières et produits divers le crédit nécessaire et leur indique à quels services ils doivent les demander, ou s'ils doivent s'adresser aux services qui les leur fournissaient précédemment.

Art. 1120

Le personnel du service du Bâtiment et Travaux publics comprend :

1° Le personnel fixe chargé de l'exécution et de la surveillance des travaux d'entretien dits travaux ordinaires (art. 191, paragraphe 1).

2° Le personnel chargé de l'exécution et de la surveillance des travaux concernant les créations nouvelles, dits travaux extraordinaires (art. 191, paragraphe 2). Une partie de ce personnel, nécessaire à l'exécution du minimum de travaux extraordinaires qui se renouvelle tous les ans, est fixe également. L'autre partie, affectée aux travaux extraordinaires d'un caractère exceptionnel, est mobile.

3° Le personnel d'autres services qui peut être employé temporairement par le service des Bâtiments et Travaux publics.

Art. 1121

Sous les auspices des directeurs départementaux de l'Agriculture et des Bâtiments et Travaux publics, les directeurs locaux de ces services s'entendent entre eux pour faire échange d'une partie des travailleurs dont ils disposent en vue d'accélérer l'exécution des travaux urgents, conformément à l'art. 216.

De pareils échanges peuvent exceptionnellement avoir lieu entre le service de Bâtiments et Travaux publics et d'autres services.

Des règlements d'administration publique, s'inspirant des dispositions des art. 961 à 972, détermineront par analogie les détails du fonctionnement du service des Bâtiments et Travaux publics non prévus à la présente section.

D'autres règlements fixeront les conditions des déplacements du personnel mobile.

Section II

Etudes, recherches et enseignement.

Art. 1122

L'article 1093 est applicable.

TITRE XXII

HYGIÈNE PUBLIQUE

CHAPITRE PREMIER

Organisation des services.

Section première

Service central.

Art. 1123

Les services du ministère de l'Hygiène publique sont répartis en onze directions :

Alimentation.
Habitation.
Travail.
Hygiène générale.
Service médical, vétérinaire et pharmaceutique.
Hospices et Hôpitaux.
Hydrothérapie et eaux minérales.
Etudes, recherches et enseignement.
Personnel.
Comptabilité et statistique.
Cabinet du ministre.
L'art. 849 est applicable.

SECTION II

Services départementaux et coloniaux.

ART. 1124

La direction de tous les services de l'Hygiène publique, dans chaque département et dans chaque colonie, est confiée à un directeur départemental ou colonial.

Des directeurs locaux sont créés dans toutes les villes et communes ou groupements de communes à déterminer par arrêtés ministériels, en France et aux colonies.

L'art. 852 est applicable.

CHAPITRE II

Comités consultatifs.

ART. 1125

Les art. 1097 et 1098 sont applicables.

Outre les personnes appartenant au service de l'Hygiène publique, le Conseil supérieur et les Conseils départementaux comprendront des notabilités de la science, de l'industrie, de l'administration, dont un règlement d'administration publique fixera le nombre et déterminera les titres, et qui seront désignées par le ministre.

Art. 1126

Il existera un conseil d'hygiène dans toutes les communes ; il sera présidé par le directeur local. Un règlement d'administration publique en déterminera la composition et les attributions.

CHAPITRE III

Contrôle.

Art. 1127

Les art. 869 et 870 sont applicables.

CHAPITRE IV

Fonctionnement des services.

Section première

Alimentation.

Art. 1128

Le service de l'Alimentation est un service consultatif et un service de contrôle.

A titre consultatif, il donne son avis sur les conditions dans lesquelles doit avoir lieu la préparation et la conservation des produits alimentaires, et les mesures à prendre pour en assurer la pureté et l'inaltérabilité ; il donne également son avis sur les prix auxquels il convient de vendre certains produits tels que l'alcool, le tabac, dont l'abus serait nuisible à la santé publique, et dont il est nécessaire de limiter la consommation ; il peut même proposer l'interdiction complète de ceux qui paraissent réellement dangereux.

A titre de contrôle, il s'assure de la bonne exécution des règlements en vigueur dans les établissements agricoles, industriels et commerciaux et signale les infractions qu'il peut constater.

Art. 1129

L'état sanitaire des animaux destinés à la boucherie ou servant à la production du lait est vérifié par de continuelles inspections du vétérinaire de la commune ou du groupe de communes placé sous sa surveillance. Le vétérinaire donne gratuitement ses soins aux animaux malades ; il prescrit l'isolement et l'abattage immédiat de ceux qu'il reconnaît atteint de maladies contagieuses. Tout animal, même destiné à la consommation de son propriétaire, ne peut être mis à mort que dans un abattoir public et en la présence du vétérinaire.

Les propriétaires dont un ou plusieurs animaux ont été sacrifiés par mesure d'hygiène, sont indemnisés conformément à l'art. 256.

Section II

Habitation.

Art. 1130

Le service de l'Habitation est un service consultatif et un service de contrôle.

A titre consultatif, il donne son avis sur les projets de création de monuments publics, bâtiments scolaires et administratifs, casernes, hospices, hôpitaux, maisons d'habitation, bâtiments ruraux, égouts et travaux d'assainissement, etc. ; il propose la démolition ou l'amélioration des bâtiments existant actuellement, lorsqu'il le juge nécessaire.

A titre de contrôle, il s'assure de l'application des règlements en vigueur.

SECTION III

Travail.

ART. 1131

Le service du Travail est un service consultatif et un service de contrôle.

A titre consultatif il participe à l'élaboration des règlements fixant les conditions du travail ; il propose toutes mesures propres à préserver la santé des travailleurs, notamment la réduction de la durée du travail dans les industries où on fait usage de produits toxiques, sans qu'il soit possible de soustraire complètement l'organisme des travailleurs à leurs atteintes ; il donne son avis sur les projets de création d'usines, de magasins, d'entrepôts, et sur les installations de force motrice ; il propose l'amélioration ou la démolition de tous bâtiments servant à un travail quelconque, lorsqu'ils ne réunissent pas les conditions d'une bonne hygiène.

A titre de contrôle il s'assure de l'application des règlements en vigueur.

SECTION IV

Hygiène générale.

ART. 1132

Le service de l'Hygiène générale est un service consultatif et un service d'exécution.

A titre consultatif, il donne son avis sur toutes les questions d'hygiène qui ne rentrent pas dans les attributions des services de l'Alimentation, de l'Habitation et du Travail ; il propose toutes mesures ayant pour but l'amélioration de l'hygiène générale, notamment celles qui tendent à diminuer la transmission des maladies contagieuses.

A titre d'exécution, il étudie la marche des épidémies et des épizooties et prend, à la frontière, dans les ports et à l'intérieur, toutes les dispositions nécessaires pour les combattre.

Section V

Service médical, vétérinaire et pharmaceutique.

Art. 1133

Le service médical, vétérinaire et pharmaceutique est un service d'exécution.

Il est assuré gratuitement pour tous, dans les conditions ci-après déterminées :

Art. 1134

Outre les directeurs locaux du service de l'hygiène publique, qui sont docteurs en médecine et qui joignent l'exercice de la médecine à leurs autres attributions, lorsque la direction de leur service ne constitue pas pour eux un travail suffisant, il existe dans les villes, communes et groupements de communes où la nécessité en est reconnue, des docteurs en médecine, des vétérinaires et des pharmaciens.

Leur nombre, leur résidence, les quartiers, communes ou groupements de communes qui leur sont assignés et les détails du fonctionnement de leur service sont fixés par décrets.

Les commissions communales de contrôle, instituées par l'art. 805, sont chargées de signaler avec un soin particulier les négligences ou autres manquements au devoir professionnel dont peuvent se rendre coupables les médecins, vétérinaires et pharmaciens.

Art. 1135

Toutes personnes, possédant le diplôme de docteur en médecine ou de vétérinaire, peuvent exercer librement ces professions et créer des cliniques, des dispensaires, des maisons de santé. Le prix de leurs soins est fixé de gré à gré entre eux et leurs clients. Aucun recours ne leur est ouvert devant les tribunaux pour le recouvrement de leurs honoraires.

Section VI

Hospices et hôpitaux.

Art. 1136

Le service des Hospices et Hôpitaux est un service d'exécution.

Il comprend, outre les Hospices et les Hôpitaux actuels et ceux à créer, les maisons de refuge, asiles d'aliénés, sanatoriums, cliniques, dispensaires, étuves à désinfection et tous établissements analogues.

Il ne s'applique qu'à l'organisation du service médical et pharmaceutique dans ces divers établissements, la partie purement matérielle : nourriture, logement, chauffage, éclairage, entretien du mobilier et des bâtiments, relevant du service de la Solidarité sociale.

Art. 1137

A partir de la promulgation de la présente loi, tous les établissements ci-dessus énumérés appartenant aux départements, aux communes, aux particuliers seront administrés par les ministères de l'Hygiène publique et de la Solidarité sociale.

Art. 1138

Les lois et règlements administratifs existant à la même date resteront en vigueur jusqu'à ce qu'ils soient modifiés ou abrogés.

Section VII

Hydrothérapie et eaux minérales

Art. 1139

Le service de l'Hydrothérapie et des eaux minérales est un service de recherches, de contrôle et d'exécution.

Au premier titre il recherche, avec le concours du service des Mines, les sources et nappes aquifères minéralisées, thermales et autres pouvant être utilisées par la thérapeutique, et non encore exploitées, les analyses, détermine leurs propriétés et propose les travaux à exécuter pour les utiliser ; il recherche également, avec le même concours, les sources et nappes aquifères pouvant servir à l'alimentation ordinaire, en détermine l'importance et la qualité, indique les mesures à prendre s'il y a lieu pour les purifier et les travaux à faire pour les capter ; il recherche les points des côtes maritimes qui présentent des avantages pour l'établissement de bains de mer, de sanatoriums, etc. ; il étudie et propose les améliorations à apporter aux installations déjà existantes d'établissements d'hydrothérapie, de bains de mer, etc.

Comme service de contrôle, il analyse les eaux servant à la consommation et propose les mesures d'épuration qu'il juge nécessaires.

Comme service d'exécution, il administre tous les établissements d'hydrothérapie et de bains de mer.

Art. 1140

L'usage des eaux minérales, bains de mer et établissements d'hydrothérapie est accordé gratuitement, sur présentation d'une ordonnance de médecin et d'un certificat du maire de la commune, constatant que le signataire de cette ordonnance appartient au service de l'Hygiène publique.

Dans les établissements comprenant deux ou plusieurs classes, l'usage des classes supérieures est réservé aux porteurs d'un certificat attestant que leurs fonctions leur y donnent droit.

Toute personne dépourvue de certificat médical est admise aux diverses classes, aux conditions du tarif ; toute personne ayant droit gratuitement à une classe déterminée est admise aux classes supérieures, en payant la différence.

Art. 1141

A partir de la promulgation de la présente loi, le service de l'Hydrothérapie et des eaux minérales étudiera et présentera dans le plus bref délai les projets de création, d'abord dans les grandes villes et graduellement dans les centres de population moins importants, des établissements de bains publics et hydrothérapie reconnus nécessaires à la santé publique.

Section VIII

Etudes, recherches et enseignement.

Art. 1142

Le service des Etudes et recherches, organisé à chaque direction départementale de l'Hygiène publique, se divisera en sept sections correspondant aux services faisant l'objet des art. 1128 à 1141.

Il comprendra un laboratoire central de recherches et d'analyses, dirigé par un ingénieur chimiste en chef, ayant sous ses ordres des chimistes et préparateurs.

L'art. 1093 est applicable aux services d'études, de recherches et d'enseignement du ministère de l'Hygiène publique.

TITRE XXIII

SOLIDARITÉ SOCIALE

CHAPITRE PREMIER

Organisation des services.

Section première

Service central.

Art. 1143

Les services du ministère de la Solidarité sociale sont répartis en six directions :

Secours sociaux.

Assurances sociales.

Etablissements d'assistance.

Personnel.

Comptabilité et statistique.

Cabinet du ministre.

L'art. 849 est applicable.

Art. 1144

Le service des Secours sociaux pourvoit aux besoins de toutes les personnes en état d'impossibilité temporaire ou permanente de se livrer au travail, de celles que la loi dispense de travailler et de celles qui se refusent à le faire.

Le service des assurances sociales indemnise les victimes de pertes accidentelles ; il fait des avances remboursables aux victimes de pertes rentrant dans les risques normaux de leur profession et en dehors des cas de pertes, dans les conditions spécifiées aux art. 1172 et suivants.

Le service des Etablissements d'Assistance administre les établissements désignés aux art. 1136 et 1137, lesquels relèvent du service de l'Hygiène publique au point de vue médical et pharmaceutique.

Section II

Services départementaux et coloniaux.

Art. 1145

L'art. 1124 est applicable.

CHAPITRE II

Conseils de discipline.

Art. 1146

Le service de la Solidarité sociale, ayant un caractère purement administratif, n'a pas de comités consultatifs.

Un Conseil supérieur de discipline et des conseils

départementaux et coloniaux, sont organisés par un règlement d'administration publique sur des bases analogues à celles adoptées pour les conseils des autres ministères.

CHAPITRE III

Contrôle.

ART. 1147

Les art. 869 et 870 sont applicables.

CHAPITRE IV

Fonctionnement des services.

SECTION PREMIÈRE

Des personnes qui ont droit aux secours sociaux.

ART. 1148

Les personnes qui ont droit aux secours sociaux sont :

1° Les enfants et jeunes gens, même majeurs, depuis leur naissance jusqu'à la fin de leurs études, primaires, secondaires ou supérieures ; et pour ceux qui sont entrés dans les écoles professionnelles, jusqu'à leur sortie de ces écoles.

2° Les personnes énumérées sous les numéros 2, 3, 4, 5, 6 et 7, à l'art. 120.

3° Les ouvriers et employés de tous les services en chômage involontaire.

4° Les malades et blessés.

Art. 1149

Les personnes qui, n'étant pas portées sur la liste des dispensés du travail, dressée conformément à l'art. 121, ne participeront pas au travail social, n'auront aucun droit aux secours sociaux. Cependant elles recevront sur leur demande, dans un but d'humanité, une assistance dans les conditions ci-après :

La situation de celles qui seront infirmes ou auront dépassé l'âge de la retraite est fixée par l'art. 123.

Les adultes recevront dans des asiles spéciaux, d'où ils pourront sortir aux heures réglementaires, la nourriture, le vêtement et le coucher réduits au strict nécessaire ; ils n'auront ni boissons alcooliques ni tabac.

Ceux d'entre eux qui se livreraient à la mendicité seront transportés dans une colonie pour y être soumis au même régime.

Art. 1150

Les étrangers n'ont pas droit aux secours sociaux ; sur leur demande ceux qui se trouveraient en France sans ressources seront dirigés avec un viatique sur la gare frontière qu'ils désigneront. Si cette assistance donne lieu à des abus, l'administration fixera elle-même la gare sur laquelle ils seront dirigés.

Art. 1151

Tout Français qui, après avoir participé pendant un certain temps au travail social, demandera un congé pour se livrer à des travaux, études ou recherches d'utilité générale, et qui l'obtiendra, sera assimilé aux chômeurs involontaires (art. 1148, n° 3).

Le congé sera accordé par le directeur départemental de la Solidarité sociale, sur la proposition du directeur local et après avis favorable du chef de service du demandeur et du conseil municipal de sa commune. Il pourra prendre fin si le bénéficiaire cesse de se rendre digne de la faveur qu'il a obtenue.

Section II

Des enfants.

Art. 1152

Les enfants abandonnés par leurs parents, avec ou sans déclaration d'état civil, sont recueillis et élevés par la Nation, dans les conditions fixées par l'art. 475.

Les enfants qui auront quitté leurs parents ou tuteurs dans les cas visés par les art. 476 et 477, et ceux qui, en vertu de décisions judiciaires, auront été retirés à leurs parents ou tuteurs, à raison de l'incapacité ou de l'indignité de ces derniers, seront également recueillis et élevés par la Nation.

Art. 1153

Des maisons de refuge seront ouvertes aux femmes en état de grossesse avancée sans qu'elles soient astreintes à une déclaration d'état civil, de domicile ni de nationalité. Elles y recevront gratuitement, avant et après leur accouchement, la nourriture et les soins que nécessite leur état. Elles pourront ensuite emporter leur enfant ou l'abandonner.

Des dispositions spéciales seront prises pour faciliter le dépôt des enfants nés en dehors de ces maisons, sans obliger leur mère à se faire connaître.

ART. 1154

Les enfants abandonnés et les orphelins dont aucun parent et ami n'aura voulu exercer la tutelle seront élevés jusqu'à l'âge scolaire dans des maisons maternelles. Ils seront ensuite placés comme internes dans des écoles primaires et, s'il y a lieu par la suite, dans des établissements d'enseignement secondaire, supérieur ou professionnel. S'ils entrent en apprentissage, ou font un stage dans des bureaux ou magasins avec salaires réduits, conformément aux art. 152, 159 et 166, le directeur local du service de la Solidarité sociale, qui en aura la tutelle, veillera à ce qu'en échange de ce salaire il soit pourvu à leurs besoins. Dans les villes, des maisons spéciales seront créées pour assurer leur nourriture, leur logement, l'entretien de leur linge et vêtement.

Lorsqu'ils seront devenus ouvriers ou journaliers de troisième classe, ils pourvoiront eux-mêmes à leurs besoins en disposant de leur salaire.

Depuis l'âge où ils seront confiés à la Nation jusqu'à leur majorité, les directeurs locaux de la solidarité sociale chargés de leur tutelle veilleront sur eux. Ils s'assureront, dans la période de l'enfance, qu'ils sont bien soignés, et plus tard qu'ils reçoivent une bonne éducation ; après la fin de leurs études ils se tiendront en rapports constants avec eux et s'efforceront de remplir à leur égard, les devoirs dévolus aux parents.

ART. 1155

Les enfants élevés par leurs parents ou tuteurs seront également à la charge de la Nation. Il sera pourvu à leurs besoins, jusqu'à l'époque où ils recevront un salaire, par des allocations mensuelles versées aux parents ou tuteurs, et qui varieront selon l'âge de l'enfant et la situation des parents ou tuteurs. Ces allocations seront déterminées par un règlement d'administration publique. Les parents ou tuteurs de jeunes gens placés pour leurs études dans un internat où ils seront nourris, vêtus, logés et soignés, ne recevront aucune allocation.

Section III

Des femmes.

Art. 1156

Les articles de la section II s'appliquent aux enfants des deux sexes. Cependant la tutelle et la surveillance des enfants du sexe féminin seront exercées par des inspectrices du service de la Solidarité sociale.

Il sera créé des postes d'inspectrices dans toutes les villes et communes, ou groupements de communes, à déterminer par arrêtés ministériels, en France et aux colonies.

La tutelle des inspectrices prendra fin par le mariage de leurs pupilles mineures.

Art. 1157

Les filles mineures ou majeures, reconnues en état de grossesse et dispensées du travail social aux termes de l'art. 120 seront, sur leur demande, recueillies dans des maisons de refuge où elles seront nourries, vêtues, logées et soignées aux frais de la Nation jusqu'à leur complet rétablissement.

Si elles le préfèrent, elles garderont leur domicile et y recevront, à titre de secours social, l'équivalent de leur salaire habituel, sans qu'il puisse être inférieur au salaire d'un journalier de troisième classe.

Pour les mineures leurs tutrices seront consultées; en cas de divergence entre la tutrice et la pupille, le directeur départemental de la Solidarité sociale décidera en respectant, lorsqu'il n'y aura pas de motifs graves de faire autrement, la volonté de l'intéressée.

ART. 1158

Après leur rétablissement, les filles accouchées réintégreront leur domicile si elles l'avaient quitté. Si elles ont abandonné leur enfant, elles reprendront leur situation antérieure ; si elles le conservent, elles seront dispensées du travail social, conformément à l'art. 120, et recevront à titre de secours social l'équivalent de leur salaire antérieur, sans qu'il puisse être inférieur au salaire d'un journalier de troisième classe. Elles recevront de plus pour leur enfant l'allocation portée à l'art. 1155.

ART. 1159

Les femmes mariées non divorcées, dispensées du travail aux termes de l'art. 120, recevront à titre de secours social les allocations prévues à l'art. 225, le minimum commun indiqué par cet article étant représenté par le salaire d'un journalier de troisième classe.

Les femmes mariées divorcées et non remariées, qui conserveront leurs enfants avec elles, et seront également dispensée du travail, recevront, à titre de secours social, l'équivalent de ce qu'elles recevraient pendant leur mariage, et de plus, pour leurs enfants, l'allocation portée à l'art. 1155.

Les femmes divorcées et remariées, de même que les veuves remariées, seront assimilées aux femmes mariées non divorcées dont la situation est réglée par le paragraphe premier du présent article.

Les femmes veuves non remariées, qui conservent

leurs enfants avec elles, seront assimilées aux femmes divorcées dont la situation est réglée par le paragraphe 2 du présent article.

Art. 1160

Les filles et femmes dispensées du travail social pourront y participer facultativement. Dans ce cas elles recevront le salaire affecté à leur emploi. Si ce salaire ne dépasse pas d'un quart au moins celui d'un journalier de troisième classe, la différence sera allouée aux intéressées à titre de secours social.

Section IV

Des vieillards.

Art. 1161

L'âge de la retraite est fixé à soixante ans pour les deux sexes. Il pourra être abaissé par un règlement d'administration publique en faveur de certaines professions reconnues particulièrement pénibles ou dangereuses. Il pourra être abaissé par mesure générale et par une loi, lorsque la production sera devenue supérieure aux besoins.

L'art. 124 sera applicable aux personnes ayant atteint l'âge légal de la retraite.

Art. 1162

Le montant de la retraite est fixé par l'art. 254.

Art. 1163

Les personnes ayant atteint l'âge de la retraite, et qui continueront à travailler volontairement pendant cinq ans au moins, acquerront par là des droits à la retraite avec la classe supérieure à celle de leur emploi au moment où elles auraient pu prendre leur retraite.

Section V

Des infirmes, incurables et aliénés.

Art. 1164

Les personnes devenues infirmes ou incurables avant d'avoir pu participer au travail social, recevront à titre de secours, une allocation égale au salaire d'un journalier de troisième classe.

Sur leur demande, ou sur la demande de leurs parents, tuteurs ou curateurs, l'allocation sera remplacée par l'admission dans un hospice.

Les personnes devenues infirmes ou incurables, après avoir participé au travail social, recevront une allocation égale au salaire qu'elles touchaient au moment où elles ont dû cesser de travailler ; si elles sont admises dans un hospice, elles recevront en espèces le montant de la différence entre ce salaire et celui d'un journalier de troisième classe.

Les personnes qui, bien qu'elles eussent atteint l'âge du travail, ne participaient pas au travail social au moment où elles sont devenues infirmes ou incurables, seront assimilées à celles indiquées au paragraphe 1er du présent article.

Les aliénés seront assimilés aux infirmes et incurables. Cependant leur internement sera de droit lorsqu'ils seront reconnus dangereux à la suite de la procédure visée aux art. 488 à 494.

Art. 1165

Les infirmes, incurables et aliénés qui viendraient à guérir reprendront la situation qu'ils occupaient antérieurement et n'auront plus droit aux secours sociaux.

Art. 1166

Les infirmes dont la capacité de travailler aurait été simplement réduite seront pourvus d'un emploi en rapport avec leurs aptitudes. Si le salaire attaché à cet emploi est inférieur à celui que gagnait antérieurement le titulaire, la différence lui sera allouée à titre de secours social.

Section VI

Des chômeurs involontaires.

Art. 1167

Conformément aux art. 119 et 247, tout chômeur involontaire a droit au salaire qu'il toucherait en travaillant.

Art. 1168

Tout travailleur à qui son chef de service déclarera n'avoir pas d'ouvrage à lui donner, ira le jour même en faire la déclaration au directeur local de la Solidarité sociale.

Les chefs de service transmettront au même fonctionnaire à la fin de chaque mois l'état du personnel en chômage, la durée du chômage de chaque ouvrier et le salaire auquel il avait droit.

S'il y a concordance entre les déclarations des chômeurs et celles des chefs de service, le directeur de la Solidarité sociale établira des mandats au nom de chaque chômeur. S'il y a désaccord il établira les mandats pour le chiffre le moins élevé et vérifiera la partie litigieuse qui sera payée aussitôt après l'apuration du compte.

Tout travailleur convaincu d'avoir fait sciemment une fausse déclaration pour se faire allouer indûment des secours sera déféré au Conseil de discipline.

ART. 1169

L'état des chômeurs, classés par professions, sera transmis chaque semaine par le directeur de la Solidarité sociale au ministère dont relèvent les chômeurs.

Les chefs de service qui, par négligence ou incurie, auront occasionné le chômage seront déférés au Conseil de discipline.

SECTION VII

Des malades et blessés.

ART. 1170

L'art. 1167 est applicable.

Tout travailleur, employé ou fonctionnaire, empêché momentanément de travailler par suite de maladie ou de blessure, en avisera immédiatement son chef de service et le directeur local de la Solidarité sociale.

Il sera procédé conformément à l'art. 1168.

Outre leur salaire ordinaire, les malades et blessés recevront gratuitement les secours médicaux et pharmaceutiques et généralement tous les soins que nécessite leur état.

SECTION VIII

Des indigènes des colonies.

ART. 1171

Les indigènes des colonies bénéficient des avantages de la Solidarité sociale.

Les conditions dans lesquelles il sera fait, pour chaque colonie, application de ce principe seront déterminées par règlements d'administration publique, en tenant compte, dans la période transitoire, des ressources disponibles.

Section IX

Des assurances sociales.

Art. 1172

Conformément à l'art. 256, la Société, solidaire de ses membres, les indemnise intégralement de toute perte accidentelle.

Cette indemnisation n'est subordonnée au paiement d'aucune prime.

Art. 1173

Les pertes ainsi couvertes sont celles que l'intéressé a pu subir dans ses biens ; la mort d'un parent ou un accident qui peut le frapper dans sa personne, ne lui causant aucune perte matérielle, ne donnent point lieu à indemnité.

Art. 1174

L'indemnité est due chaque fois que l'accident n'a pas été déterminé par la volonté consciente de la victime. Peu importe qu'il ait été causé par sa faute ou par celle d'un tiers. Aucun recours civil n'est exercé contre l'auteur soit par la victime, soit par la Nation qui se substitue à elle en l'indemnisant.

Art. 1175

Sauf le cas prévu par l'art. 505, il n'est pas dû d'indemnité aux petits propriétaires qui ont usé de la faculté à eux accordée par l'art. 8, toute liberté leur étant laissée d'organiser entre eux des assurances mutuelles. Le paragraphe 1er de l'art. 512 est annulé.

Art. 1176

Aucune indemnité n'est due, même aux cultivateurs de lots nationaux, dans le cas de pertes par gelée, sécheresse, maladies cryptogamiques et autres causes rentrant dans les risques normaux de leur profession, et dont il a été tenu compte dans le calcul de leurs bénéfices annuels.

Mais s'ils ont été éprouvés par des fléaux de cette nature, ils peuvent se faire accorder des avances remboursables annuellement, dans le délai maximum de cinq années, sans intérêts, et dont la retenue sera faite sur le paiement de leurs récoltes.

Art. 1177

Quiconque a éprouvé une perte accidentelle dont il veut obtenir indemnité, ou désire se faire faire les avances stipulées par l'art. 1176, paragraphe 2, doit faire immédiatement au directeur local de la Solidarité sociale la déclaration écrite et signée des pertes qu'il a subies et de leur cause.

Art. 1178

Le directeur fera une enquête pour vérifier la déclaration et provoquera l'avis, après enquête, de la commission municipale de contrôle. S'il y a concordance entre les deux appréciations ou si l'intéressé accepte le chiffre le plus bas et qu'il s'agisse seulement d'une avance remboursable, le directeur lui délivrera immédiatement un mandat de paiement. Si l'intéressé n'accepte pas le chiffre le plus bas pour une avance remboursable, le directeur départemental en fixera le montant sur le vu des rapports.

S'il s'agit d'une indemnité définitive, le directeur

départemental, avant d'autoriser le paiement, fera faire une évaluation nouvelle par un inspecteur du contrôle assisté au besoin d'experts. Aucun recours ne sera admis contre les décisions du directeur départemental.

Art. 1179

En dehors du cas de perte et du cas réglé par les art 884 et suivants, tout particulier participant au travail social pourra se faire faire, sur sa simple demande non motivée, une avance équivalente à trois mois de son salaire mensuel et remboursable par retenues mensuelles pendant une année, sans intérêts.

Section X

Des établissements d'assistance.

Art. 1180

Tous les établissements énumérés aux art. 1136 et 1137 sont placés sous la haute direction du directeur départemental.

Ceux dont l'usage est réservé aux habitants d'une commune, ou du groupement de communes constituant la circonscription d'un directeur local, sont placés sous la direction de ce dernier, et ont à leur tête un administrateur.

Ceux qui reçoivent des assistés d'une région plus grande sont dirigés par un administrateur spécial qui relève du directeur départemental.

Art. 1181

Dans les établissements ayant à nourrir, vêtir et loger des assistés, le service d'alimentation, de vêtement et l'entretien du mobilier sont assurés par un économe sous la surveillance de l'administrateur.

L'économe se procure les aliments et objets divers, au fur et à mesure des besoins, aux magasins nationaux ; il est débité par des factures des fournitures qui lui sont faites et en crédite le service du commerce sur ses livres.

ART. 1182

Le contrôle de l'économat est assuré, outre les administrateurs, par la commission municipale de contrôle de la commune où existe l'établissement, par les inspecteurs du service, par les médecins et par les assistés eux-mêmes. Toutes les observations et réclamations sont transmises au directeur départemental et à la commission départementale de contrôle instituée par l'art. 806.

ART. 1183

Un règlement d'administration publique détermine les conditions d'admission dans les Etablissements d'assistance sociale.

Le séjour dans ces établissements est gratuit pour tous.

TITRE XXIV
COLONIES ET PROTECTORATS

CHAPITRE UNIQUE
Organisation administrative.

ART. 1184

L'organisation administrative des colonies et pays de protectorat sera fondée sur un double principe :

1° Rattachement aux services métropolitains pour tout ce qui concerne la détermination de la production.

2° Autonomie des services locaux pour l'exécution, sous réserve du contrôle du gouvernement central.

Art. 1185

Dans le mois de la promulgation du présent code, une commission sera constituée pour établir un projet de statut colonial contenant des dispositions communes et des dispositions particulières aux diverses colonies et pays protégés.

Le statut colonial coordonnera, complètera et au besoin modifiera les dispositions portées aux différents titres du présent code, de façon à résoudre toutes les questions relatives à l'administration des colonies et pays protégés.

La commission, nommée par décret du Président de la République, comprendra un chef de service par chaque ministère, des membres du Conseil d'État et de la Chambre des Députés, des représentants des colonies et pays protégés, et des notabilités de l'administration, de la science et du droit.

Art. 1186

Jusqu'à ce que le statut colonial soit définitivement fixé par une loi, l'organisation actuelle restera en vigueur sauf les modifications qui y sont apportées par le présent code.

TITRE XXV

TRÉSORERIE, COMPTABILITÉ ET STATISTIQUE

CHAPITRE PREMIER

Organisation des services.

SECTION PREMIÈRE

Service central.

ART. 1187

Les services du ministère de la Trésorerie, comptabilité et statistique sont répartis en cinq directions :

Trésorerie,
Comptabilité,
Statistique,
Personnel,
Cabinet du ministre.
L'art. 849 est applicable.

ART. 1188

Le service de la Trésorerie assure la rentrée dans les Caisses du Trésor de l'or et de l'argent en circulation en France et dans les colonies.

Il effectue avec ces espèces métalliques les paiements que la France fait à l'étranger pour ses importations ;

Il encaisse les recettes qu'elle fait à l'étranger pour ses exportations ;

Il touche à l'étranger les revenus des capitaux français qui y sont placés, et dont les titres ont été remis à la Nation en exécution du Titre II du présent code ;

Il paye les coupons des rentes françaises appartenant à des porteurs étrangers ; il rachète dans les limites et aux conditions qui lui sont fixées les titres de rente française offerts par leurs porteurs ;

Il émet le papier monnaie et les monnaies divisionnaires créés en exécution de l'art. 99 et dans les conditions portées à l'art. 100.

Il fait tous paiements et toutes recettes pour les divers départements ministériels.

ART. 1189

Le service de la Comptabilité assure le contrôle comptable du service de la Trésorerie et de tous les autres ministères.

ART. 1190

Le service de la Statistique, outre son rôle particulier au ministère auquel il appartient, effectue, par dérogation à l'art. 202, la centralisation de la statistique de tous les autres ministères, attribuée par le dit article au ministère du Commerce.

SECTION II

Services départementaux et coloniaux.

ART. 1191

L'art. 1124 est applicable.

CHAPITRE II

Conseil de discipline.

ART. 1192

L'art. 1146 est applicable.

CHAPITRE III

Contrôle.

Art. 1193

Les art. 869 et 870 sont applicables.

CHAPITRE IV

Fonctionnement des services.

Section première

Retrait des valeurs métalliques.

Art. 1194

Un décret déterminera les conditions dans lesquelles les espèces métalliques seront retirées de la circulation.

Section II

Emission et circulation du papier-monnaie.

Art. 1195

L'émission du papier-monnaie et de la monnaie divisionnaire est fixée par les art. 99 et 100.

Art. 1196

Si, par suite d'opérations entre particuliers français et étrangers, une certaine quantité de papier-monnaie passe entre les mains de ces derniers, ils pourront, en échange, se procurer dans les magasins nationaux les produits qu'ils désireront, sans limitation de quantité et au tarif applicable aux consommateurs français.

Art. 1197

Les étrangers désirant voyager ou séjourner en France pourront y échanger la monnaie dont ils seront porteurs contre du papier-monnaie et de la monnaie divisionnaire français. Les conditions du change seront fixées par décrets.

Les monnaies étrangères seront échangées dans les mêmes conditions à leurs porteurs français.

Art. 1198

Si, par suite d'accumulation exceptionnelle d'une quantité importante de papier-monnaie entre des mains françaises ou étrangères, les magasins nationaux se trouvent en présence d'une demande de produits à laquelle les stocks existants, réserve faite des besoins courants de la consommation, ne peuvent satisfaire, les porteurs consigneront leur papier-monnaie dans une des caisses du trésor avec bordereau indicatif des produits qu'ils demandent en échange. Ils seront avisés dans la quinzaine du délai dans lequel la livraison pourra leur être assurée.

Section III

Contrôle de la comptabilité.

Art. 1199

Indépendamment du contrôle organisé dans chaque ministère, conformément à l'art. 821, la Trésorerie, Comptabilité et Statistique contrôle la comptabilité de tous les autres services ; elle s'as.

sure de la concordance des écritures d'entrée avec celles de sortie ; elle vérifie l'encaisse des établissements qui sont en rapports avec le public; et l'exactitude des inventaires ; elle surveille la monnaie en circulation et signale les contrefaçons s'il y a lieu.

Les inspecteurs du contrôle de la comptabilité, en cas d'irrégularité ou de fraude, procèdent conformément aux art. 1041 et 1042.

TITRE XXVI
INSTRUCTION PUBLIQUE.

CHAPITRE UNIQUE
Dispositions transitoires.

Art. 1200

Jusqu'au vote d'une loi organisant sur de nouvelles bases le service de l'Instruction publique, les lois, règlements et décrets appliqués au moment de la promulgation de la présente loi resteront en vigueur, sauf en ce qui concerne l'enseignement technique créé par la présente loi.

TITRE XXVII
JUSTICE

CHAPITRE PREMIER
Service central

Art. 1201

Les services du ministère de la Justice sont répartis en six directions :

Cours et Tribunaux :
Sûreté publique ;
Etablissements pénitentiaires,
Enseignement,
Etudes, Recherches et Statistique,
Cabinet du ministre.
L'art. 849 est applicable.

Art. 1202

La direction des Cours et Tribunaux est chargée d'assurer le fonctionnement de la justice, le recrutement des magistrats et des agents auxiliaires des Cours et Tribunaux.

La direction de la Sûreté publique prend toutes mesures nécessaires pour prévenir les crimes et délits, en rechercher les auteurs, assurer l'ordre et la sécurité publics et faire exécuter les décisions judiciaires.

La direction des Etudes, recherches et statistique dresse la récapitulation et le classement des condamnations prononcées par la justice pénale, en recherche les causes, étudie les moyens de diminuer la criminalité, fait une enquête permanente sur l'organisation de la police, de la justice et de la répression à l'étranger et propose toutes améliorations qu'elle croit utiles.

CHAPITRE II

Organisation judiciaire

Section première

Tribunaux civils et répressifs.

Art. 1203

Il existe dans chaque canton un tribunal de paix

composé d'un juge assisté d'un ou plusieurs suppléants. La justice est rendue soit par le juge titulaire, soit par un suppléant, l'un ou l'autre siégeant seul.

A Paris il existe un tribunal de paix par arrondissement.

Art. 1204

Le tribunal de paix est justiciable en dernier ressort :

En matière civile dans les cas visés à l'art. 607.

En matière pénale pour les contraventions.

Il est justiciable en premier ressort :

En matière civile dans tous les cas non visés à l'art. 607,

En matière pénale pour les délits,

La procédure devant les tribunaux de paix est fixée au titre XII.

Art. 1205

Des décrets déterminent le nombre de juges suppléants nécessaires pour assurer le service, à chaque tribunal de paix.

Art. 1206

Il existe dans chaque département un tribunal départemental, composé au moins d'une chambre civile et d'une chambre pénale.

Chaque chambre comprend un président, deux juges et au moins un juge suppléant.

Le tribunal a en outre à sa tête un premier président, qui peut prendre la présidence de l'une ou l'autre chambre. Dans ce cas un juge suppléant y siège également pour porter à un nombre impair le nombre des magistrats appelés à délibérer.

Auprès de la chambre pénale existent un ou plusieurs juges d'instruction, qui n'y siègent pas, et un procureur de la République qui assiste aux audiences pour requérir l'application de la loi. Le procureur de la République peut se faire suppléer par un ou plusieurs substituts.

ART. 1207

Le juge d'instruction peut être appelé à remplacer exceptionnellement un juge d'une chambre civile ; un juge d'une chambre civile peut être appelé à remplacer un juge d'une chambre pénale et inversement.

ART. 1208

La compétence de la chambre civile est fixée par l'art. 608 ; celle de la chambre pénale par l'art. 649, paragraphe 2.

La procédure devant l'une et l'autre est fixée au Titre XII.

ART. 1209

Il existe en outre, au siège de chaque tribunal départemental, une Cour criminelle, à laquelle sont déférés tous les faits qualifiés crimes, et qui statue sans l'assistance d'un jury.

Conformément à l'art. 649, paragraphe 3, la Cour criminelle est présidée par le premier président du tribunal départemental et composée, soit de deux chambres correctionnelles de ce tribunal, si elles existent, soit de la chambre correctionnelle et de la chambre civile réunies.

Chaque Cour criminelle comprend également une chambre d'accusation composée conformément au paragraphe 5 du même article 649.

La procédure devant la Cour criminelle est fixée au titre XII.

SECTION II

Cour de Cassation.

ART. 1210

La Cour de Cassation siège à Paris. Elle se compose de trois chambres composées chacune de six conseillers et d'un président :

Chambre civile,

Chambre pénale,

Chambre de contentieux administratif.

Chaque chambre comprend en outre deux conseillers suppléants.

Il peut être créé par décret un plus grand nombre de chambres et de conseillers suppléants, si les besoins du service l'exigent.

La Cour de Cassation a un premier président qui prend, lorsqu'il le juge à propos, la présidence de l'une des chambres ; dans ce cas un conseiller suppléant y siège en plus pour que les juges soient en nombre impair.

Aucune décision n'est valable si elle n'a été rendue par au moins sept juges.

ART. 1211

Le parquet de la Cour de Cassation comprend un procureur général, des avocats généraux et des substituts, en nombre fixé par décret, selon les besoins du service.

ART. 1212

Toutes décisions de justice peuvent être déférées à la Cour de Cassation pour violation ou fausse interprétation de la loi.

La chambre civile est saisie des instances entre particuliers.

La chambre pénale des pourvois en matière de simple police, ainsi qu'en matière correctionnelle et criminelle.

La chambre de contentieux administratif est saisie des instances entre particuliers et la Nation et des pourvois contre des décisions en matière d'élection.

La procédure devant la Cour de Cassation est fixée au titre XII.

SECTION III

Conseil de discipline.

ART. 1213

Les magistrats qui manquent à leur devoir peuvent être déférés à un conseil de discipline présidé par le premier Président de la Cour de Cassation et composé de deux conseillers titulaires et d'un conseiller suppléant de chaque chambre, désignés chaque année par la voie du sort, et d'un magistrat du parquet chargé de requérir l'application de la loi.

La chambre de discipline est saisie, soit par la plainte d'un particulier, conformément à l'art. 617, soit par la réquisition du Procureur général. Elle règle elle-même sa procédure et applique les peines disciplinaires justifiées. Si la peine n'est pas celle de la révocation, aucune poursuite ne peut être exercée devant la justice pénale contre le magistrat reconnu coupable. S'il y a révocation, le coupable est en outre déféré au tribunal correctionnel ou criminel compétent.

S'il y a lieu à réparations civiles, elles sont prononcées par la chambre de discipline, s'il n'y a pas ou révocation, ou par la justice pénale dans le cas contraire.

Section IV

Des agents auxiliaires.

Art. 1214

Chaque tribunal est assisté d'un greffier et d'autant de commis greffiers qu'il comprend de chambres ; il y a outre un nombre d'employés suffisant pour assurer le service.

Chaque tribunal ou chaque chambre a en outre un huissier appariteur.

Des greffiers et employés en nombre convenable sont attachés aux juges d'instruction et aux parquets.

Section V

Des magistrats.

Art. 1215

Pour être magistrat, il faut posséder le titre de docteur en droit, être âgé de quarante ans au moins et avoir, jusqu'à cet âge, participé au travail social.

Art. 1216

Tout citoyen désireux d'entrer dans la magistrature en fait la demande au préfet du département où il a son domicile.

Les candidatures ainsi présentées sont soumises à un collège électoral composé :

Des conseillers généraux du département,

Et de délégués des Conseils municipaux des communes du département, à raison d'un délégué dans les communes de 1.000 habitants, de deux délégués dans les communes de 1.001 à 5.000 habitants, de trois délégués dans les communes de 5.001 à 20.000 habitants, de quatre délégués dans les communes de 20.001 à 50.000 habitants, de cinq délégués dans les communes de 50.001 à 100.000 habitants et d'un délégué de plus par fraction supplémentaire de 50.000 habitants.

Ce collège électoral se réunit une fois par an au chef-lieu du département, sous la présidence du président du Conseil général. Les délégués des conseils municipaux sont nommés cinq jours avant la réunion annuelle; ils ne siègent que durant une session et ne sont pas rééligibles.

Art. 1217

Le préfet communique au collège électoral le dossier de chaque candidat, comprenant :

Sa demande,

Son diplôme de docteur en droit,

Son acte de naissance,

L'opinion du maire de sa commune sur sa valeur intellectuelle et morale,

Et l'opinion du premier président du tribunal départemental sur le même sujet.

Art. 1218

Le collège électoral, informé d'autre part par les soins du ministre de la Justice, du nombre des sièges à pourvoir dans le département, dresse la liste des candidats qu'il présente à la nomination du ministre et qui sont en nombre triple des sièges appelés à devenir vacants. Il les classe par ordre de mérite.

Les nominations sont faites par le Président de la République sur la proposition du ministre de la Justice, qui n'est pas obligé de tenir compte de l'ordre du classement.

Aucun magistrat n'est nommé dans le département où il était domicilié.

Art. 1219

Les magistrats nouvellement nommés sont appelés aux fonctions de juges suppléants près les justices de paix, ou s'ils veulent entrer dans les parquets, aux fonctions de substituts du procureur de la République. Ils ont par la suite accès aux fonctions supérieures daus les conditions ci-après indiquées.

Art. 1220

Chaque année le premier président du tribunal départemental signale au ministre les magistrats qui lui paraissent dignes de recevoir de l'avancement.

D'autre part les magistrats du département, réunis au chef-lieu sous la présidence du premier président du tribunal départemental, dressent le tableau d'avancement de ceux d'entre eux qu'ils jugent les plus méritants.

Le ministre propose de préférence à la nomination du Président de la République, mais sans y être obligé, ceux qui sont présentés à la fois par le premier président et par l'assemblée des magistrats. Il ne peut être nommé que ceux qui sont présentés soit par l'un, soit par l'autre.

Art. 1221

La Cour de Cassation dresse en séance plénière le tableau d'avancement des premiers présidents de tribunaux départementaux. Ceux qui y seront portés seront appelés par le Président de la République, au choix du ministre, à occuper les sièges de conseillers suppléants ou substituts vacants à la Cour de Cassation.

Le ministre de la Justice propose au Président de la République les nominations aux fonctions supérieures de la Cour de Cassation.

ART. 1222

Tous les magistrats sont inamovibles, sauf l'autorité du Conseil de discipline dans les conditions prévues à l'art. 1213 ; ils ne peuvent être déplacés, même par voie d'avancement, sans leur consentement.

Néanmoins les magistrats du parquet peuvent être, par décrets du Président de la République, changés de résidence ou versés dans la magistrature assise, même avec des fonctions inférieures à celles qu'ils occupaient.

ART. 1223

Les magistrats restent en fonctions jusqu'à l'âge légal de la retraite sans pouvoir le dépasser.

ART. 1224

Le traitement des magistrats est fixé par la Chambre.

Il est uniforme pour tous, sauf les premiers présidents des tribunaux départementaux et les membres de la Cour de Cassation, qui reçoivent un traitement de 50 pour 100 supérieur.

CHAPITRE III

Enseignement

ART. 1225

Toutes les Facultés de droit existant au moment de la présente loi sont supprimées, sauf celle de Paris.

Un règlement d'administration publique réorganisera l'enseignement du droit en faisant la plus large place au droit nouveau créé par le présent Code et les lois et décrets qui le suivront. Les droits anciens ne seront enseignés que sommairement et dans la mesure de leur intérêt historique.

CHAPITRE IV

Sûreté publique

Art. 1226

La sûreté publique est assurée par les forces de police et de gendarmerie, qui sont placées sous la haute direction du ministre de la Justice.

Un règlement d'administration publique en fixera les effectifs et en déterminera les attributions.

CHAPITRE V

Etablissements pénitentiaires

Art. 1227

Tous les établissements pénitentiaires sont placés sous la haute direction du ministre de la Justice.

Un règlement d'administration publique en organisera le service, en conformité du titre XIII du présent Code.

CHAPITRE VI

Dispositions transitoires

Art. 1228

L'inamovibilité accordée à certains magistrats par les lois antérieures sera suspendue à partir de la promulgation de la présente loi.

Ceux d'entre eux qui ne seront pas appelés à faire

partie des nouveaux tribunaux ni investis d'autres fonctions seront mis à la retraite et toucheront une pension de retraite égale au traitement attaché à leurs fonctions.

ART. 1229

Tous les tribunaux resteront en fonction jusqu'à la mise en vigueur de l'organisation nouvelle. Aucune instance civile ou commerciale nouvelle ni aucune instance pénale pour crimes et délits non punis par la présente loi ne sera introduite devant eux. Les instances en poursuites pour dettes seront arrêtées. Les autres seront solutionnées conformément aux règles de l'ancien droit.

ART. 1230

La nomination des magistrats composant les nouveaux tribunaux continuera à être faite pendant cinq ans par le Président de la République sur la proposition du ministre de la Justice. Les art. 1216, 1217, 1218, 1220 et 1221 n'entreront en vigueur qu'à l'expiration de ce délai.

TITRE XXVIII

SCIENCES, BEAUX-ARTS, LITTÉRATURE, PRESSE

CHAPITRE PREMIER

Organisation des services

SECTION PREMIÈRE

Service central.

ART. 1231

Les services du ministère des Sciences, Beaux-Arts, Littérature et Presse, sont répartis en huit directions dont les attributions sont fixées comme suit :

Musées et Bibliothèques,
Théâtres,
Presse,
Etudes, recherches et enseignement,
Administration générale,
Personnel,
Comptabilité et statistique,
Cabinet du ministre.

L'art. 849 est applicable.

Section II

Services départementaux et coloniaux.

Art. 1232

Le ministère des Sciences, Beaux-Arts, Littérature et Presse est représenté dans chaque département de France et d'Algérie par un directeur départemental.

L'art. 852 est applicable.

Art. 1233

L'organisation coloniale est établie conformément à l'art. 986.

CHAPITRE II

Institut de France

Art. 1234

L'Institut de France est réorganisé sur les bases suivantes :

Il se compose de douze sections de chacune vingt membres, savoir :

Sciences mathématiques ;
Sciences physiques et naturelles ;
Littérature ;
Philosophie ;
Histoire et géographie ;
Economie politique et droit ;
Langues anciennes et étrangères ;
Musique ;
Architecture ;
Sculpture ;
Peinture ;
Gravure, dessin, arts divers.

ART. 1235

Les membres de chaque section sont élus par leurs confrères, membres de l'Institut ou non. Le collège électoral est formé de tous ceux qui pourront justifier de leur qualité, soit par leurs titres, soit par leurs œuvres. Un règlement d'administration publique détermine les conditions de l'électorat et le mode de l'élection.

ART. 1236

L'Institut de France tient des réunions de sections et des réunions générales ; il en fixe lui-même les dates et les ordres du jour. Il arrête également son règlement intérieur.

ART. 1237

L'Institut de France a pour mission tout ce qui peut contribuer au progrès des sciences, des lettres et des arts. Il propose au ministre les mesures propres à atteindre ce but et donne son avis sur les questions qui lui sont soumises.

CHAPITRE III

Conseil de discipline

ART. 1238

Le Conseil de discipline du ministère des Sciences, Beaux-Arts, Littérature et Presse est composé :

Du ministre, président,

Des directeurs au ministère,

De deux inspecteurs généraux désignés par leurs collègues,

De dix directeurs départementaux désignés par leurs collègues,

Et de douze membres de l'Institut, désignés par les douze sections, à raison d'un par section.

CHAPITRE IV

Contrôle

ART. 1239

Un inspecteur général sera établi dans chacune des circonscriptions de France et des colonies qui seront créées ci-après à l'art. 1253.

CHAPITRE V

Fonctionnement des services

SECTION PREMIÈRE

Musées et Bibliothèques

ART. 1240

Il y aura dans chaque commune au moins une bibliothèque publique.

Dans les petites communes, elle sera installée à la maison d'école et placée sous la surveillance de l'instituteur.

Dans les villes, elle aura un local séparé, qui pourra être également celui du musée, et sera dirigée par un conservateur spécial ayant, au besoin, sous ses ordres le personnel nécessaire.

Un règlement d'administration publique déterminera les villes qui seront pourvues d'une bibliothèque et d'un musée, et fixera tout ce qui concerne l'administration de ces établissements.

SECTION II

Théâtres et Concerts

ART. 1241

Les Conseils municipaux donneront spontanément leur avis sur le maintien ou la suppression des théâtres actuels, sur les modifications à y apporter, sur la création de théâtres nouveaux.

Les propositions de modifications et de créations seront accompagnées de plans et devis dressés par le service local des bâtiments.

Le tout sera transmis au directeur départemental des Sciences, Beaux-Arts, Littérature et Presse, qui se mettra d'accord avec les Conseils municipaux intéressés sur les modifications qu'il pourrait juger nécessaires à leurs projets. En cas de désaccord persistant ou en cas de proposition de rejet pur et simple, le différend sera tranché par le ministre des Sciences, Beaux-Arts, Littérature et Presse après avis du conseil général.

Les projets définitifs seront compris dans le programme annuel de travaux d'intérêt communal, et il sera procédé pour leur exécution conformément aux art. 204, 205 et 207.

ART. 1242

Dans les grandes villes, il y aura un directeur pour chaque théâtre ; dans les villes moyennes, il n'y aura qu'un directeur pour tous les théâtres ; les directeurs des petites villes pourront être chargés de la direction des théâtres d'un certain rayon. Les attributions de chaque directeur seront déterminées par un règlement dressé et modifiable par le directeur départemental, d'accord avec le conseil général et les conseils municipaux, ces derniers appelés seulement à donner leur avis sur ce qui concerne leurs communes.

Le choix des directeurs sera fait dans les mêmes conditions. Le déplacement d'un directeur sera toujours de droit quand il sera demandé par le conseil municipal de sa commune.

ART. 1243

Les directeurs de théâtres choisiront eux-mêmes leur personnel, qui se recrutera par la libre vocation des intéressés, et dont la rémunération et l'avancement seront fixés conformément à l'art. 182. Les sujets reconnus trop inférieurs à leur emploi seront déplacés de droit, sur la demande du conseil municipal.

ART. 1244

Les décrets qui fixeront les salaires du personnel des théâtres pourront déterminer pour chaque année la durée des saisons théâtrales, non à titre limitatif, d'ailleurs, toute latitude restant accordée à cet égard aux conseils municipaux.

Le personnel en chômage involontaire, en dehors

des saisons, touchera son salaire comme s'il était occupé. Mais tout sujet qui n'aurait pas obtenu d'engagement au début d'une saison ou qui, congédié par son directeur au cours de la saison, resterait sans emploi, n'aura droit qu'aux secours sociaux fixés par l'art. 1149, paragraphe 3, s'il n'embrasse pas une autre profession.

Art. 1245

Outre les salaires minimum attribués à chacun d'eux, le directeur et le personnel de chaque théâtre se partageront à la fin du mois, au prorata des dits salaires, la totalité des bénéfices nets réalisés.

Les bénéfices nets seront constitués par l'excédant des recettes sur l'ensemble des salaires payés, les frais d'entretien des décors et de la salle étant à la charge du service des Bâtiments.

Art. 1246

Le prix des places dans les divers théâtres sera fixé par les conseils municipaux, sans pouvoir être inférieur à un minimum établi par le ministre en proportion de l'importance de chaque ville.

Art. 1247

Les sociétés d'amateurs qui exécuteront des concerts ou des œuvres dramatiques ou lyriques obtiendront sans frais, du conseil municipal, les salles publiques de théâtres, aux jours fixés par lui. Elles pourront réserver les places à leurs invités ; mais elles ne pourront faire payer les entrées.

Art. 1248

Les conseils municipaux pourront, d'accord avec les directeurs, organiser des concerts publics gratuits, soit dans les salles de théâtre, soit au dehors.

Si l'entente ne s'établit pas, le directeur départemental statuera.

Section III

Presse.

Art. 1249

Un règlement d'administration publique déterminera les conditions dans lesquelles les livres, brochures, publications périodiques, journaux et imprimés quelconques, dont l'impression et la vente seront proposées par des auteurs ou éditeurs à l'imprimerie et à la librairie nationales, conformément à l'art. 400, seront acceptées et exécutées.

Art. 1250

Le même règlement déterminera les conditions dans lesquelles seront mises en vente par la librairie nationale les publications émanant d'imprimeries privées.

Art. 1251

Le *Journal Officiel* sera conservé.

Un autre journal quotidien aura mission de défendre le régime socialiste contre les critiques dont il pourrait être l'objet, d'en faire bien comprendre les principes et d'en montrer la supériorité.

Ce journal aura, s'il y a lieu, des éditions régionales.

Art. 1252

Des organes techniques, généraux et régionaux seront créés dans les divers ministères, ainsi qu'il a été dit aux art. 930 et 976, pour les ministères de l'Agriculture et de l'Industrie. Ils contiendront les informations et renseignements les plus complets sur les progrès réalisés dans les diverses branches de la production ou de l'administration, et sur les faits dont la connaissance peut être utile.

SECTION IV

Etudes, recherches, enseignement.

ART. 1253

Un règlement d'administration publique divisera la France et les colonies en un certain nombre de régions, en tenant compte, dans la mesure du possible, de l'ensemble des éléments qui constituent la caractéristique de chacune d'elles. Il désignera le chef-lieu de chaque région.

Il sera créé à ces chef-lieux des écoles régionales de Beaux-Arts.

ART. 1254

Tout élève d'une école primaire, qui aura fait preuve d'aptitudes spéciales pour un art, recevra, dans l'enseignement secondaire, des leçons particulières de nature à développer ces dispositions.

Si elles persistent, il sera, à sa sortie de l'enseignement secondaire, admis à l'Ecole des Beaux-Arts de la région à laquelle il appartiendra.

Les élèves qui, à ces aptitudes particulières pour un ou plusieurs arts déterminés, joindront une intelligence générale de nature à les faire admettre dans l'enseignement supérieur, continueront leurs études spéciales au cours de cet enseignement, et seront admis ensuite à l'Ecole supérieure des Beaux-Arts de Paris.

Les élèves des écoles de Beaux-Arts régionales qui subiront avec succès leur examen de sortie seront également admis à l'Ecole supérieure.

ART. 1255

Outre l'Ecole supérieure des Beaux-Arts, les écoles spéciales de Hautes-Etudes existant actuellement à Paris seront maintenues jusqu'à réorganisation de cet enseignement.

ART. 1256

Les Ecoles françaises de Beaux-Arts existant actuellement à l'étranger seront maintenues également.

ART. 1257

Un règlement d'administration publique réorganisera, sur un plan d'ensemble et avec des vues méthodiques, le service des études, missions et recherches en France et à l'étranger, et déterminera les récompenses à décerner aux auteurs de découvertes intéressantes.

SECTION V

Rémunération des travaux scientifiques, littéraires et artistiques.

ART. 1258

Les élèves de la section d'architecture des écoles régionales de Beaux-Arts seront pourvus à leur sortie d'une situation, soit dans le service des Bâtiments, selon leurs aptitudes et leur mérite, sans pouvoir toutefois être attachés à la section des monuments publics, soit dans l'enseignement primaire.

Les élèves des autres sections régionales des Beaux-Arts seront, à leur sortie, pourvus, sur leur demande, d'un emploi dans l'enseignement primaire, général ou professionnel.

Ceux d'entre eux qui ne demanderont pas à entrer dans l'enseignement, et préféreront se livrer à des travaux libres, recevront une pension viagère égale au salaire d'un ouvrier de troisième classe.

ART. 1259

Les élèves de la section d'architecture de l'Ecole supérieure de Paris seront pourvus, à leur sortie, d'une bourse de voyage devant leur permettre de perfectionner leurs connaissances par un séjour de deux ans à l'étranger.

A leur retour ils seront pourvus d'une situation dans le service des Bâtiments : sections des monuments publics, Bâtiments administratifs ou Bâtiments d'habitation, ou encore d'un emploi de professeur dans une école régionale des Beaux-Arts ou dans l'enseignement secondaire supérieur.

Les élèves des autres sections de l'Ecole supérieure des Beaux-Arts recevront également une bourse de voyage, dans les conditions fixées par le paragraphe premier qui précède. A leur retour, ils pourront occuper un emploi de professeur dans une école régionale de Beaux-Arts, ou dans l'enseignement secondaire supérieur.

Ceux d'entre eux qui ne demanderont pas à être professeurs, et préféreront se livrer à des travaux libres, recevront une pension viagère égale au salaire d'un ouvrier de première classe.

ART. 1260

Les paragraphes 3 et 4 de l'article 1259 s'appliqueront aux élèves des autres écoles supérieures maintenues par l'art. 1255.

ART. 1261

Les élèves des Hautes-Etudes scientifiques, ou de l'enseignement supérieur, qui déclareront vouloir se consacrer aux recherches et études des sciences physiques et naturelles auront à leur disposition des laboratoires, instruments, collections et produits divers avec le concours de préparateurs. Toute découverte faite par eux, et dont le caractère de nouveauté et d'utilité aura été reconnu par la section des sciences physiques et naturelles de l'Institut de France, leur vaudra une allocation pécuniaire dont le ministre fixera le montant, sur l'avis de la dite section. S'il s'agit d'une invention susceptible d'une application pratique, ils recevront la récompense accordée aux inventeurs, ainsi qu'il sera dit plus loin à l'art. 1285.

ART. 1262

Toute découverte dans les sciences mathématiques, constatée dans les mêmes conditions, donnera lieu aux mêmes récompenses.

ART. 1263

Tout ouvrage relatif aux sciences, à la littérature et aux arts sera, sur la demande de son auteur, soumis à l'examen de la section de l'Institut de France dont il relèvera. Si son caractère d'utilité est reconnu par elle, il sera imprimé et mis en vente par l'imprimerie et la librairie nationales au profit de l'auteur qui pourra en outre, sur la proposition de la section examinatrice, recevoir une allocation pécuniaire proportionnée à la valeur de son œuvre.

ART. 1264

Tout ouvrage reconnu sans intérêt, par la section de l'Institut chargée de son examen, pourra être imprimé, aux frais de son auteur, par l'imprimerie nationale ou une imprimerie particulière et mis en vente par la librairie nationale; le produit des exemplaires vendus lui sera remis dans les conditions fixées à l'art. 1013.

Art. 1265

La mise en vente, par le service de la librairie nationale, ne sera accordée qu'aux ouvrages reconnus exempts de toute atteinte aux bonnes mœurs et ne contenant aucun des crimes et délits prévus et punis par la loi.

L'autorisation de mettre en vente sera donnée, après lecture, par un comité dont la composition sera fixée par décret, et dont des instructions ministérielles fixeront la procédure. Il sera prescrit au comité de ne tenir aucun compte de la valeur ni des opinions de l'ouvrage, de respecter les libertés nécessaires de l'art et d'opposer son veto seulement aux productions tombant sous l'application de la loi et à celles dont le caractère pornographique serait évident.

Art. 1266

Les ouvrages refusés par le Comité de Librairie pourront être mis en vente par leurs auteurs, à leurs risques et périls, soit dans les librairies privées, soit par tous autres moyens.

Art. 1267

Les compositions musicales et dramatiques, en tant qu'impression et mise en vente, seront assimilées aux ouvrages visés aux art. 1263 et 1264.

Au point de vue de l'exécution, il appartiendra aux auteurs de les faire agréer par les directeurs de théâtres, en France ou à l'étranger. Un décret fixera les allocations qui leur seront accordées pour chaque représentation en France et qui seront en rapport avec l'importance des scènes.

ART. 1268

Les objets d'art qui ne seraient pas exécutés sur commande de la Nation, ou dont les auteurs ne traiteraient pas avec des acheteurs privés, français ou étrangers, seront, sur la demande de leurs auteurs, exposés gratuitement dans des salles édifiées spécialement, à Paris et dans toutes les villes où il existera une école de Beaux-Arts. L'exposition aura une durée limitée. Les objets seront vendus de gré à gré soit à la Nation soit à des particuliers. Les invendus seront repris par leurs auteurs à l'expiration du délai fixé ; ils pourront alors être remis par eux pour la vente aux magasins nationaux conformément à l'art. 1013.

SECTION VI

Disposition générale

ART. 1269

Les travaux des savants, littérateurs et artistes compris dans le présent titre, malgré leur caractère individuel, sont reconnus d'utilité sociale. En conséquence, leurs auteurs jouiront de tous les avantages accordés aux citoyens participant au travail commun. Leur pension de retraite sera fixée selon le mode déterminé par un règlement d'administration publique.

TITRE XXIX
INTÉRIEUR

CHAPITRE PREMIER
Organisation des services

Section première
Service central

Art. 1270

Les services du Ministère de l'Intérieur sont répartis en sept directions :

Administration générale ;
Associations ;
Inventions ;
Travail domestique ;
Personnel ;
Comptabilité et statistique ;
Cabinet du Ministre.
L'art. 849 est applicable.

Section II
Services départementaux et coloniaux

Art. 1271

Le Ministre de l'Intérieur est représenté dans chaque département de France et d'Algérie par un préfet ; les sous-préfets sont supprimés.

L'art. 852 est applicable.

ART. 1272

Les attributions des préfets sont :

1° Celles résultant des lois antérieures non abrogées ;

2° Celles résultant du présent Code ;

3° Et généralement toutes les branches de l'administration non expressément rattachées à d'autres ministères.

ART. 1273

Dans les colonies autres que l'Algérie, les services dirigés en France par le ministère de l'Intérieur sont rattachés au ministère des colonies.

CHAPITRE II

Comités consultatifs

ART. 1274

Il est créé à Paris un comité supérieur des inventions présidé par le ministre ; dans chaque département il est créé un comité départemental des inventions présidé par le Préfet ; dans chaque colonie il est créé un comité colonial des inventions présidé par le gouverneur.

La composition de ces comités est fixée par un réglement d'administration publique.

ART. 1275

Un conseil supérieur de discipline et des conseils départementaux et coloniaux sont organisés par un règlement d'administration publique, sur des bases analogues à celles adoptées pour les conseils des autres ministères.

CHAPITRE III

Contrôle

Art. 1276

Le contrôle sera assuré par quatre inspecteurs généraux pour la métropole, un pour l'Algérie, la Tunisie et le Maroc, et un pour chaque colonie ou groupement de colonies déterminé par décret.

CHAPITRE IV

Fonctionnement des services

SECTION PREMIÈRE

Administration générale

Art. 1277

L'administration générale sera assurée conformément aux prescriptions du présent Code et des lois antérieures non abrogées. Des règlements d'administration publique, décrets et instructions ministérielles en compléteront les dispositions quand il y aura lieu, et préciseront les textes de l'ancienne législation qui doivent rester en vigueur.

SECTION II

Associations.

Art. 1278

La liberté résultant de l'art. 263, dans les conditions déterminées par cet article, est accordée à toutes les associations quels que soient leur nature et leur but.

Mais la loi ne reconnaît que celles qui ont pour objet la participation à un service public.

Art. 1279

Les associations non reconnues se constituent et se maintiennent par la libre volonté de leurs membres, sans avoir à accomplir aucune formalité de déclaration ou de publication. Elles établissent et modifient leurs statuts comme elles le jugent convenable.

Aucun recours n'est ouvert devant les tribunaux pour les parties qui se jugent lésées par leurs coassociés. Elles n'existent pas au regard de la loi.

Art. 1280

Un règlement d'administration publique déterminera les conditions dans lesquelles se constitueront et fonctionneront les associations reconnues par la loi.

Section III

Inventions.

Art. 1281

Tout citoyen participant au travail social, qui croit avoir découvert un moyen nouveau d'accroître la productivité du travail agricole ou industriel, ou le rendement utile d'un service auxiliaire, ou qui croit avoir perfectionné un moyen ancien, mais qui a besoin de continuer ses études, recherches et expériences pour arriver à réaliser ou à préciser sa conception, peut déposer au secrétariat du comité départemental des inventions un mémoire indiquant l'idée générale de sa découverte, les résultats qu'il a obtenus, ceux qu'il espère obtenir et le concours qu'il demande à la Nation.

Le mémoire est rédigé en double exemplaire. Le secrétaire du comité en délivre récépissé au bas d'un des exemplaires et conserve l'autre.

Art. 1282

L'examen auquel se livre le Comité départemental s'inspire de ce principe qu'il vaut mieux expérimenter dix inventions sans valeur que de rejeter une invention utile. Si donc l'idée lui paraît digne d'une prise en considération et d'une étude plus approfondie, il propose au préfet d'accorder à son auteur les moyens de s'y livrer.

Ces moyens sont, selon les cas, une dispense temporaire de travail avec maintien du salaire, la fourniture de matières premières, l'usage d'un outillage, d'un laboratoire, le concours d'un ou plusieurs ouvriers, l'exécution de pièces par un atelier national, etc.

Si le Comité départemental rejette la demande, l'auteur peut la renouveler devant les comités des antres départements.

Le préfet rend exécutoires par un arrêté les conclusions du Comité départemental.

Art. 1283

Lorsque les études et recherches sont terminées, l'inventeur dépose au secrétariat du Comité départemental un nouveau mémoire précisant sa découverte et demandant la délivrance d'un brevet.

Cette demande est examinée d'une façon approfondie ; au besoin le Comité départemental consulte le Comité supérieur ou une section de l'Institut, ou le service auquel l'invention serait applicable.

Si cet examen est défavorable, la demande est rejetée ; son auteur peut la présenter de nouveau devant d'autres Comités départementaux successivement ; il peut aussi la présenter au Comité supérieur ; mais en cas de rejet par ce Comité il ne peut plus la représenter à des Comités départementaux.

Art. 1284

Dans tous les cas, l'inventeur conserve intact son droit à faire breveter et à exploiter son invention à l'étranger.

Art. 1285

Tout inventeur breveté reçoit immédiatement une récompense nationale en rapport avec l'importance de sa découverte ; il lui est de plus attribué des redevances payables annuellement jusqu'à ce qu'il ait atteint l'âge de la retraite, et basées sur l'usage de sa création.

Un règlement d'administration publique détermine, par chaque catégorie de découvertes, le maximum et le minimum des allocations et redevances à accorder, et les conditions dans lesquelles elles sont accordées.

Section IV

Travaux domestiques.

Art. 1286

Le personnel affecté aux travaux domestiques comprendra :

1° Les jeunes gens de l'un et l'autre sexe qui, à leur sortie de l'école primaire, déclareront, conformément à l'art. 134, vouloir embrasser cette profession.

2° Les mineurs et majeurs qui, à un moment quelconque de leur carrière, déclareront vouloir s'y consacrer.

Art. 1287

Les jeunes gens et jeunes filles sortant de l'école primaire, sans entrer dans une autre branche d'enseignement, ni dans une école professionnelle, qui ne déclareront pas vouloir faire un apprentissage ni un surnumérariat et qui, d'autre part, ne déclareront pas vouloir se livrer aux travaux domestiques cesseront de recevoir une allocation de la Nation.

Art. 1288

Les travaux domestiques seront exécutés :

1° Par un personnel des deux sexes, traitant librement avec les employeurs et contractant des engagements d'un mois au moins, dont les conditions seront réglées de gré à gré ;

2° Par des journaliers des deux sexes, mis à la disposition des particuliers par l'administration, pour une durée de deux heures au moins, et à des conditions fixées par elle.

Art. 1289

Tout journalier libre qui, à l'expiration de son engagement, se trouve sans emploi, est admis de droit, sur sa demande, dans le personnel fourni par l'administration, et peut y demeurer soit définitivement, soit jusqu'à ce qu'il ait trouvé un nouvel engagement.

Art. 1290

Toute personne est admise dans le personnel domestique de l'administration, sur sa demande à la mairie de sa commune. Elle touche à partir de ce moment le salaire auquel elle a droit et se tient à la disposition de l'administration pour exécuter les travaux qui pourront lui être prescrits.

Au cas où le nombre des inscrits serait trop considérable pour les demandes, les personnes sans occupation devront être mises par le maire à la disposition de celui des services locaux où le travail sera le plus en rapport avec les forces et les aptitudes de chacune.

Art. 1291

Tout particulier désireux de s'assurer le concours d'un domestique pendant deux heures au moins soit exceptionnellement, soit régulièrement, en fait la demande au bureau municipal et choisit, sur la liste du personnel disponible, celui qu'il préfère occuper. Il verse d'avance la rétribution fixée.

Art. 1292

Un règlement d'administration publique fixera les conditions et la rémunération du travail, et tous les détails du fonctionnement de ce service.

TITRE XXX
AFFAIRES ÉTRANGÈRES

CHAPITRE UNIQUE
Dispositions transitoires

Art. 1293

Les lois, règlements et décrets en vigueur, au moment de la promulgation de la présente loi, resteront applicables jusqu'au vote d'une loi réorganisant ce service.

Cependant les consulats seront rattachés au mitère du commerce.

TITRE XXXI

GUERRE ET MARINE

CHAPITRE UNIQUE

Dispositions transitoires

ART. 1294

L'art. 1293 paragraphe 1 est applicable.

TABLE DES MATIÈRES

TROISIÈME PARTIE

Saint-Amand (Cher). — Imprimerie Bussière.

BIBLIOTHÈQUE SOCIALISTE INTERNATIONALE

Publiée sous la direction de Alfred Bonnet

(SÉRIE in-18)

DEVILLE (Gabriel). — Principes socialistes, 1898. 2e édition. Un vol. in-18. . . . . 3 fr. 50

MARX (Karl). — Misère de la Philosophie. Réponse à la Philosophie de la misère de M. Proudhon. 1908, 2e édit. Un volume in-18. . . . . 3 fr. 50

LABRIOLA (Antonio). — Essais sur la conception matérialiste de l'histoire, trad. par Alfred Bonnet, 2e édit., 1902. 1 vol. 3 fr. 50

DESTRÉE (J.) et VANDERVELDE (E.). — Le Socialisme en Belgique, 2e édition, 1903. Un volume in-18 . . . . . . 3 fr. 50

LABRIOLA (Antonio). — Socialisme et Philosophie, 1899 1 vol. in-18 . . . . 2 fr. 50

MARX (Karl). — Révolution et Contre-révolution en Allemagne, traduit par Laura Lafargue, 1900. Un vol. in-18. 2 fr. 50

GATTI (G.). — Le Socialisme et l'Agriculture, préface de G. Sorel. 1901. 1 volume in-18 . . . . 3 fr. 50

LASSALLE (Ferdinand). — Discours et Pamphlets, 1903. Un volume in-18. . . . . 3 fr. 50

LASSALLE (F.). — Capital et Travail, 1904. Un vol. in-18 3 fr. 50

TARBOURIECH (E.). — Essai sur la Propriété, 1904. Un vol. in-18. . . . . 3 fr. 50

LAFARGUE (Paul). — Le Déterminisme économique, 1909. Un vol. in-18. . . . . 4 fr. »»

MARX (Karl). — Critique de l'Economie politique. 1909. Un vol. in-18. . . . . 3 fr. 50

BERTHOD (A.). — P.-J. Proudhon et la propriété. 1910. Un vol. in-18. . . . . 3 fr. »»

(SÉRIE in-8)

WEBB (Béatrix et Sydney). — Histoire du Trade-Unionisme, 1897, trad. par Albert Metin. 1 vol. in-8 . . . . 10 fr. »»

KAUTSKY (Karl). — La question agraire. Étude sur les tendances de l'Agriculture moderne, trad. par Edgard Milhaud et Camille Polack, 1900. 1 vol. in-8. . . . . 8 fr. »»

KAUTSKY (Karl). — La Politique agraire du parti socialiste, 1903. 1 vol. in-8. . . . . 4 fr. »»

MARX (Karl). — Le Capital, traduit à l'Institut des Sciences sociales de Bruxelles, par J. Borchard et H. Vanderrydt :

— Livre II. — **Le Procès de circulation du capital,** 1900. 1 vol. in-8. . . . . 10 fr. »»

— Livre III. — **Le Processus d'ensemble de la production capitaliste,** 1901-1902. 2 volumes in-8 . . . . 20 fr. »»

AUGÉ-LARIBÉ (M.). Le Problème agraire du socialisme, 1907. Un vol in-8 . . . . 6 fr. »»

ENGELS (Frédéric). — Philosophie, Economie politique socialisme. 1911. Un vol. in-8o. . . . . 10 fr. »»

SAINT-AMAND (CHER) — IMPRIMERIE BUSSIÈRE.

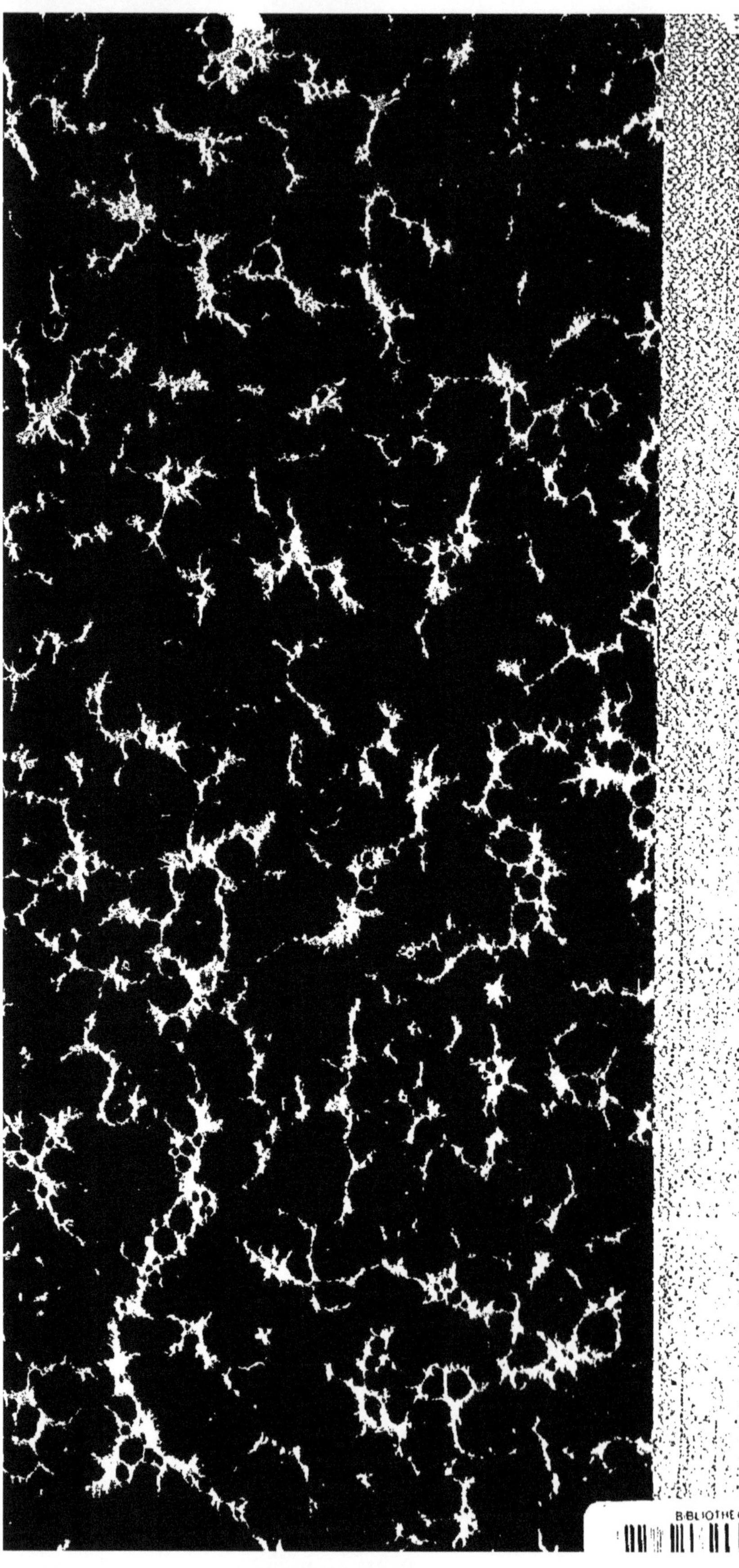

www.ingramcontent.com/pod-product-compliance
Ingram Content Group UK Ltd.
Pitfield, Milton Keynes, MK11 3LW, UK
UKHW012026240726
13965UKWH00002B/593

9 782013 275842